読書は格闘技

瀧本哲史

集英社文庫

読書は格闘技＊目次

本文デザイン　鈴木成一デザイン室

読書は格闘技

Round 0

イントロダクション

ショウペンハウエル
『読書について 他二篇』
斎藤忍随訳／岩波文庫／1960
読書は他人にものを考えてもらうことだ。
難易度B

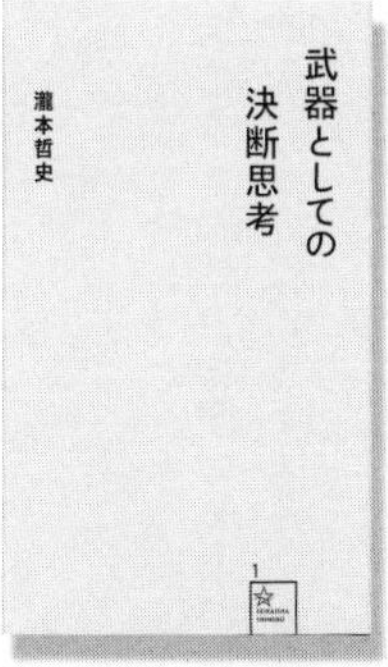

瀧本哲史
『武器としての決断思考』
星海社新書／2011
読書は格闘技である。
難易度A

難易度：A＝低〜C＝高

まず、読者の皆さんに一つ聞いてみたいことがある。皆さんは、本をどのように読んでいるだろうか。例えば、文芸作品であれば、文字を読みながら、頭の中にイメージを作って、作品の世界にどっぷりつかっていく、そんな読み方もあるだろう。著者との対話を楽しむような読み方をする人もいるだろう。ひょっとしたら、朗読する人もいるかも知れない。また、本をとても速く読む人もいれば、ゆっくり読む人もいるだろう。

本の読み方は実に多様であり、ある種の速読スキルは現代人に必須であるし(興味のある人は「瀧本哲史　速読」でインターネット上で検索してみて下さい)、最近は、オーディオブックという聞く読書もある。ちなみに、オーディオブック最大手のオトバンクは私の投資先だ。

しかし、本書で私が強調したいのは、「読書は格闘技」だということである。これは、自著『武器としての決断思考』で強調したことでもあるが、書籍を読むとは、単に受動的に読むのではなく、著者の語っていることに対して、「本当にそうなのか」と疑い、反証するなかで、自分の考えを作っていくという知的プロセスでもあるのだ。元々、世の中には最初から何らかの真実があるわけではない。それは、様々な考え方を持っている人達が、議論を戦わせることを通じて、相対的に今の時点でとりあえず正しそうなものが採用されているに過ぎない。今日正しいとされる考え方も、明日には新しい考え方に取って代わられるかも知れない。だからこそ、読書をするときも、自分の今の考え方と、著者の考え方を戦わせて、自分の考え方を進化させるために読むというぐらいの気持ちで臨むのが良いのだ。

ドイツの哲学者ショウペンハウエルはその著『読書について』で、読書に対して、とても皮肉に満ちた批判をしている。いわく、「読書は、他人にものを考えてもらうことである。／一日を多読に費やす勤勉な人間は、しだいに自分でものを考える力を失って行く」という主張で、たくさん読書することは、他人の考え方を自分に流し込むだけで、それでは、自分の頭で考える時間を減らしてしまうというのだ。ショウペンハウエルはなかなか辛辣な哲学者で「低劣な著作家の大多数は、新刊書以外は読もうとしない民衆の愚かさだけをたよりに生きているにすぎない」(『著作と文体』)と主に十九世紀に生きた人物でありながら、今日の出版事情を予見しているかのようでもある。

しかしながら、先述した「読書は格闘技」という考え方からすると、ショウペンハウエルの批判は、一面的だと言える。というのも、私の考える読書においては、著者の考えをそのまま無批判に流れ込ませるのではなく、著者が繰り出す攻撃を読者が受け止めたり、さらには、打ち返したりするからだ。現に、ショウペンハウエルの『読書について』を読むときにも、私はショウペンハウエルの繰り出す「読書批判」攻撃をはね返し、彼の考えを私の中で咀嚼《そしやく》して、新たな考えを生むきっかけにしたくらいなのである。つまり、ショウペンハウエルを読むことで、読書の持つ危険性を認識し、ショウペンハウエルの考え方と真逆な「読書は格闘技」という考え方を進歩させることができたとさえ言えるだろう。

「読書は格闘技」という考え方に立つと、「良書」の定義も変わってくる。普通、「良書」というと、書いてあることが正しいものであり、正しい考え方であると思われる。しかしながら、書いてあることに賛成できなくても、それが批判するに値するほど、一つの立場として主張、根拠が伴っていれば、それは「良書」と言える。私は筋金入りの資本主義者であるが、そうした立場からしてもマルクスは読むに値する「良書」と言える。ニーチェの言を借りれば、「すくなくともわが敵であれよ！」（「友」竹山道雄訳『ツァラトストラかく語りき』新潮文庫）ということである。また、私の研究室時代の指導教官は、その師にあたる教授の論文について、「初めて読んだときは、凄《すご》い論文だと感動したが、今では全ての行に反論が書き込んである」と言ってびっしり書き込みの入った論文を見せてくれたことがある。「良書」「良い論文」とは、批判に値し、乗り越える価値があるもののことを言うのだ。

もう一つ、確認したいことがある。私は、インタビューや、たまに行う講演会で、いろいろな質問を受けて、そのたびにそれなりに質問者に満足してもらえる回答をしている自負があるが、一つだけ答えに窮する質問がある。それは、「好きな本を一冊だけ教えて欲しい」というものだ。というのも、一冊の本がそれほど大きい意味を持つとは思わないし、質問者と私の状況はかなり異なっているから、私にとって良い本がその人にとって良い本である保証はない。そういった質問者は、「一冊の本との出会いで人生が変わる」的なものを求めているのかも知れないが、それは全くの幻想である。さらに言えば、一つの重要な問題に対して、一冊の意味ある本が存在しているとなると、「読書は格闘技」の考え方からすれば、その本はある強い立場を表明している本であるから、それだけに依拠するのは危険である。だから、私はそういう質問に対して、特定の本を挙げたりすることはない。それでも、本書では様々なテーマについて、本を紹介し論評していくことになるだろう。いかにして、この矛盾を解決することができるだろうか。

そこで考えたのが、あるテーマについて、全く異なるアプローチの本を二冊紹介し、それを批判的に、比較検討するという形態で話を進めていこうというものだ。そして、これがもう一つの「読書は格闘技」という意味である。つまり、互いの本が評論の中で、激しく格闘を繰り広げる、そういう組み立てにしていこうと思う。私の役割は第一義的にはこの格闘技のレフェリー、審判であるが、私が読むという行為自体が格闘技であるから、三者間でバトルロイヤルを展開していくということになる。というのも、本の価値はその人の置かれている状況によって、かなり異なるものであるし、同じ本であっても、人生の違うステージで読み返せば、全く異なる感想を抱くはずだ。であるから、一例として、その本との格闘によって、現時点での私の中でどのような気づき、成果があったかを同時にお話しした方が、本書の意図もより明確になると考える。またショウペンハウエルを引くが、「学者とは書物を読破した人、思想家、天才とは人類の蒙をひらき、その前進を促す者で、世界という書物を直接読破した人」(『思索』)との言葉のように、私は学者ではなく投資家として、「世界という書物を直接読破」した話の方が価値があると考えるからでもある。

最後に、読者と本書との関係についても、述べておきたい。この評論を読むということ自体も「読書」であるから、読者はこのアプローチの異なる本と私との間のバトルロイヤルの観客で終わることを許されない。読者自身が、読書を通じて、この「評論」という名の格闘技に「参加者」として、主体的に関わって頂きたい。つまり、批判的に比較し、それまでの自分のものの見方と戦わせて頂きたい。なかにはすでに読んだことがある本も含まれるかも知れないが、他の本や私との格闘にあなた自身が参加することで、また、新しい学びが生まれるかも知れない。そして、その学びを是非「世界という書物を直接読破」することに役立てて頂くことを切に願っている。

Round 1

心をつ✕かむ

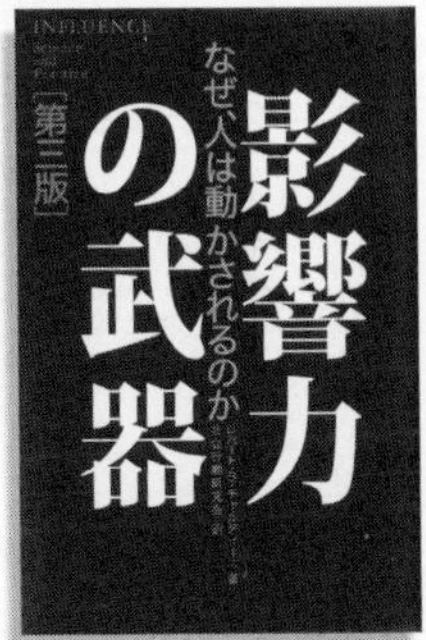

ロバート・B・チャルディーニ
『影響力の武器
なぜ、人は動かされるのか』
社会行動研究会訳／誠信書房／第三版／2014
科学的知見で心をあやつる。
難易度B

D・カーネギー
『人を動かす』
山口博訳／創元社／新装版／1999
理解しにくい事例が普遍性を与える。
難易度B

人生の中で、ただ一つ殆《ほとん》どどのような時にでも役に立つ最強の武器があるとしたら、それは何だろうか。私は、それは「他者を味方につける方法」だと思う。

というのも、人間の一つの特色は、個々人が自分で意思決定する自由で自律的な存在でありながら、それと同時に、お互いが協力し合うことによって、より大きなことを成し遂げるという点にあると思うからである。朝起きてから夜寝るまで、多くの人の同意を取り付けることに、一日は費やされている。そうであるからこそ、あらゆるビジネスマン向けの書籍の中で、デール・カーネギーの『人を動かす』が最長級のロングセラーであることは当然と言えるだろう。

『人を動かす』は、一九三六年、つまり八十年ほど前に、アメリカで、そしてその翻訳書が日本でも一九五八年に発売され、全世界で二千万部近く、日本でも五百万部以上売れており、圧倒的な読者数を誇っている。オーディオブックとしても、日米ともにベストセラーである。とはいえ、この書籍は広告が打たれることはあまりないし、書評が書かれることもあまりない。広告や書評の力というよりも、口コミによる推薦でロングセラーになっていると考えて良いだろう。私自身、マッキンゼーという経営コンサルティング会社の新人だったころに、ハーバードビジネススクールを優等として表彰されて卒業した上司に勧められたのが読むキッカケだった。

そこまでのロングセラー、ベストセラーには、どれほど驚くべき内容があるかと思って手に取ると、読者の期待は大きく裏切られることになるだろう。

この本は、「人を動かす三原則」「人に好かれる六原則」「人を説得する十二原則」「人を変える九原則」の各章と、付録「幸福な家庭をつくる七原則」とで構成されているのだが、そこで挙げられている原則は、逆に驚いてしまうほど、驚きがないのである。例えば、「人を変える九原則」を見てみると「まずほめる。」「遠まわしに注意を与える。」「まず自分の誤りを話したあと相手に注意する。」「期待をかける。」などが挙げられている。二十世紀前半のアメリカ人が書いた本というよりも、むしろ、日本の古老の知恵のような内容とすら言える。

さらにこの本の古びたところは、そのメッセージを支える事例である。『人を動かす』の冒頭には、一九三一年にニューヨークで起きたらしい凶悪な殺人犯・クローレーの話や、同じく第一級の悪人ダッチ・シュルツの話が読者は当然知っていることであるかのように展開されているが、現代の日本の読者には、正直、ピンとこないのではないだろうか。その後もセオドア・ルーズヴェルト、リンカーン、マーク・トウェインといったところが例として挙げられたかと思うと、突然、「自分の家の玄関がよごれているのに、隣りの家の屋根の雪に文句をつけるなと教えたのは、東洋の賢人孔子である」と、逆に日本人にとってはなじみがある孔子が、奇妙な文脈で引用されてくる。他にも、幾つか時代を感じさせる記述がある。『人を動かす』の説明事例で多いのは、人と人とのコミュニケーションなのだが、その中には幾つか手紙の事例が出てくる。広告会社の部長が書いた手紙が「駄目な例」として挙げられたり、ある女性が十数行の銀行に書いた手紙が相手の良い反応を引き出した好例として取り上げられている。現代であれば、電話やメールの話がたくさん使われるだろう。また、どの例もその内容が時代と地域に依存していて、必ずしも現代的でないことも気になるところである。ただ、実は私は、『人を動かす』の驚きの少ない普遍性とこの事例のわかりにくさこそ、この本の魅力だとも思っている。

ここで、人を説得することについて書いた古典をもう一つ紹介したい。『韓非子《かんぴし》』の「説難《ぜいなん》」編である。これは、タイトルの通り、説得することの難しさについて書かれたものである。例えば、「相手が思っていることとあまりに外れたことを言うと相手にされず、かといって、相手の思っているとおりの進言をするとつまらないと思われたり、相手のプライドを傷つけたり、警戒されたりするので難しい」、といった考察が述べられている。なかなか入り組んだ考察だが、これには背景がある。実は『韓非子』五十五編には特定の文脈があり、その特殊性がこの考察を生んでいる。というのも、『韓非子』は絶対的な権力を持ち、生殺与奪を完全に握っている君主に、「法家」という新統治理論をどうやって納得させるかという問題意識から書かれているものだからである。しかし、その極端でピンとこない状況にもかかわらず、いやむしろ、そうであるからこそ、その考察は鋭く有益である。極端な状況から導かれた理論であるから、読者はその文脈を捨象《しゃしょう》して自分の事例（例えば気むずかしい上司や、絶対的な取引先、締め切りにルーズな著者など）に当てはめて理解しようとし、その結果、よりその考察を自分のものとして理解することになるのである。

これと同様の法則が、『人を動かす』にも当てはまる。つまり、事例があまりに現代的ではないので、読者は一旦自分の文脈に置き換えて、抽象化してから理解しようとすることで、より理解を深めることができるのである。逆に、あまりにも身近すぎる事例だと、その事例自体について理解が容易なので、その事例の文脈に即して、理解できたような気に読者はなってしまう。まさに、ショウペンハウエル的な「思考をしない読書」そのものになる可能性が高くなるのだ。そもそも『人を動かす』という状況依存的な主題について、一般法則を語ろうとすれば、時代性、地域性を超えた、非常に抽象度が高いものにならざるを得ない。そして、当たり前だが、高い普遍性を持つ法則を読者に理解させるには、状況が理解しにくい事例を使って読者の思考を促すという方法が良い。そこで『人を動かす』なり「説難」が著者の意図とは無関係にとっている方法が、結果的にとても有効であり、この二冊をして古典たらしめているのではないかと考える。

もう一つ、『人を動かす』の古典性について指摘しておきたい。『人を動かす』は、アメリカ人によってアメリカの文化的文脈で書かれた本であるにもかかわらず、内容的には、ある種日本的な「おもいやり」「人情」風な記述を見つけることもある。これは、一つには、二十世紀前半のアメリカという時代背景もあるのではないかとも思っている。つまり、二十世紀前半のアメリカでは、初期資本主義が社会全体を覆う中で極端な自己中心主義が跋扈《ばっこ》し、アメリカの持っていた宗教倫理的な要素やコミュニティ的な連帯が急速に失われていったが、それに対する懸念が本書の背景にはあるのではないか。これが、結果的に二十世紀前半から二十一世紀の今日まで一貫して売れ続け、ベストセラーとなり得たもう一つの要素なのだろう。この点において、『人を動かす』は、言ってしまえばハウツー本、自己啓発書という流行のサイクルが短いジャンルにあって長く読み継がれた理由にも思う。

とはいえ、この本にも致命的な欠点がある。それは、読みやすさを作り出しているエピソード中心の構成は、科学的な実証性にほとんど欠けているということである。心理学に関する言及もあるが今日的には古い理論も目立つ。また、本編だけでも、全部で三十も原則があるというのは、あまりに体系性がないし、実際、抽象度のレベルが揃《そろ》っておらず、重なりもある。かくして、長らくライバルがいなかった「他者を味方につける」分野のチャンピオンに挑戦する現代のベストセラーは、この弱点を正確についてきたチャレンジャーであった。即ち、ロバート・B・チャルディーニの『影響力の武器』である。

こちらは『人を動かす』とは、真逆のコンセプトの本である。著者はアメリカを代表する社会心理学者で、この本も基本的には社会心理学の学術書に近い。日本でも、誠信書房という学術書の出版社から刊行されている。総ページ数は約五百ページ。これだけ聞くと、非常に取っつきにくい、知る人ぞ知る本のようではあるが、一部のビジネスマンの間では定番化している古典と言って良いだろう。実際、第三版の日本語訳刊行年は二〇一四年で、今でも、アマゾンの売れ筋ランキングでは安定して上位にいる。

これは、『影響力の武器』のユニークなポジションに因《よ》るところが大きい。この手の人間関係に関する本であれば、教訓的なエピソードと処世訓がセットになっていて、道徳的な要素も含まれているのが通常のパターンだ。

しかし、『影響力の武器』は、アプローチが全く異なる。本書の特徴を三つほど挙げよう。第一に、『影響力の武器』は道徳的ではないこと。むしろ、弱い人間が引っかかってしまうような商売のテクニック、さらに言ってしまえば、詐欺紛《まが》いなものも考察の対象にしている。第二に、その方法の根拠は、社会心理学上の実験によって証明されているものばかりで、著者の思いつき、個人的な体験ではないこと。もともと、学術書であるから、大抵の実験には学術論文の出典が示されている。例えば、ランチの効用に関する実験が挙げられている。これは一九三〇年代にグレゴリー・ラズランという心理学者が行った実験で、ランチの最中に提示された政治的な意見に対して、被験者は好意的な意見を持つようになるというものだ。そして第三としては、この「ランチョン・テクニック」実験が典型的だが、人間の合理性、意思といったものよりも、不合理、無意識に焦点を当てていることだ。この実験の最も衝撃的なところは、実は、被験者はランチの最中にどのような政治的な意見を提示されたのか覚えていないにもかかわらず、ランチの際に提示された政治的な意見に対して好意的な反応を示してしまうというところにある。理由はいろいろあろうが、要は一緒に食事をしたという体験から生じる好印象と、その場で話された政治的な意見に対する好印象とを知らず知らず混同してしまい、食事とは何の関係もない政治的な意見について、無意識のうちに態度を変化させてしまう。つまり、人間の理性の限界、動物的な反応について、率直に取り上げているのである。これは、学説史的には、「行動主義」と呼ばれる、人間は特定の刺激を与えるとどのような反応をする傾向があるかというのを実験的にとらえようとする問題意識に繋《つな》がっており、ある種、人を実験動物のように見る考え方だ。これはいまや主流の考え方で、経済学にも影響を与え、そこから出てきた「行動経済学」の研究はノーベル賞を受賞するに至っている。『人を動かす』の持つやや道徳的な社会観とは真逆とも言える。

もっとも、この本の挙げている法則は、日常感覚からして納得のいくものである。「返報性」(良いことをされたら返したくなる)、「コミットメントと一貫性」(自分が決めたことはその後変えようとしない)、「社会的証明」(他人が正しいと思っていることは正しいと考える)、「好意」(好きな者についいては承諾しやすくなる)、「権威」(権威ある者には服従したくなる)、「希少性」(量が少ないものには価値があると思う)の六つであるが、これは、広告の分野で日常的にもよく目にすることである。

例えばテレビ通販が典型例として挙げられる。人気のあるタレントが説明し(好意)、学者が解説し(権威)、売上げナンバーワンが強調され(社会的証明)、販売数が限定される(希少性)。

『影響力の武器』が多くの人に読まれ、その内容を知られているとなると、逆に、本書で示されているマーケティング手法を使うと、この原理を活用していることが誰でもわかるので、こうした法則はその効果をなくしてしまいそうである。つまり、ある手法が有名になり誰もがその方法を使うようになると、その手法の価値がインフレ化してしまうというものである。例えば、経営学の定番的な理論であるハーバード大学経営大学院教授マイケル・ポーターの「戦略論」は、一時期日本のビジネス界で大流行した。日本の多くの会社では同じ理論に従って同じような戦略を採用し、同じように戦って、共倒れになったケースすらあった。本来、ポーターの理論は、各会社の特色に合わせて違う戦略をとることを勧めるものであったのに、なぜか皆、似たような戦略をとってしまったのである。

このパターンからすると、皆が『影響力の武器』を読んで、同じような施策をとれば、その施策の価値がなくなる、あるいは、施策のカラクリに気づいた人には効かなくなるであろう。実際、『影響力の武器』の著者の真の意図は、人間の持っている判断上のバイアスを利用せよということよりも、バイアスに気がついて正しい判断をして欲しいというところにある。だからこそ、この本では各法則を紹介した上で、必ず「防衛法」について言及するという構成になっている。つまり、人の判断を歪《ゆが》ませる方法を学ぶことによって、自分の判断を正確にすることを目的としている。マキアヴェッリの言を借りれば、「天国へ行くのに最も有効な方法は、地獄へ行く道を熟知することである」（塩野七生『マキアヴェッリ語録』新潮文庫）ということで、『影響力の武器』は、説得する方法を学ぶと同時に、説得されない方法を学ぶというところに最大の眼目があると言うべきであろう。

しかし、今日もあらゆるメディアで、あるいは対人関係で、『影響力の武器』に載っているテクニックが利用され、かなりの効果を上げている。そうであるからこそ、街のあちこちで、今日も『影響力の武器』の法則を観察することができる。なぜ、このようなことが起きるのだろうか。私は大きく分けて三つ理由があると思う。

一つには、ビジネス書として大ロングセラーであるとはいえ全人口から見れば、読んでいる人はごくわずかしかいないということである。もし、数十万部売れていたとしても、日本の全人口から見れば、一パーセントにも満たない。さらに言えば、五百ページ近くもあるこの専門書を読み通した人はもっと少ないかも知れない。つまり、非常に著名な古典だとしても、一般国民レベルでは、殆どの人は知らない本なのである。

第二の理由は、「わかるとできるは違う」ということである。書籍を読んで理論的に理解しても、使えるように体得したり、それを現実世界の文脈で日常的に活用したりするのは別の次元ということだ。本を読んだ後、感心しただけで満足し、その知識を活用することなく、また次の本に移ったり、忘れてしまう人は実に多い。『影響力の武器』(原題"INFLUENCE")と、邦訳のタイトルに「武器」という言葉を訳者・出版社が入れたのは、まさに「武器」として使って欲しいという趣旨だと思うのだが、そのまま思い込んでいる人が多いということであろう。

最後の理由は、この本は一部ビジネスマンのなかで「武器」として流通しているが、それは攻撃用の武器としてだけであって、そのハードルの高さゆえ、「防具」として、一般読者に届いていないということも挙げられるだろう。逆に、攻撃用の武器として使っている者としては、「防具」が流通するのは不都合なことでもあるのだ。それもこの本が大々的に紹介されない理由なのかも知れない。私は消費者が間違った判断をすることは市場の効率性を妨げる害悪だと考えている。だからこそ、ビジネスマンだけでなく、広く読書に関心がある人が読者であろう、『読書は格闘技』で取り上げて、防御力を高めて欲しかったのである。

Round 1 Book Guide

金谷治訳注
『韓非子』
岩波文庫/全4冊/1994

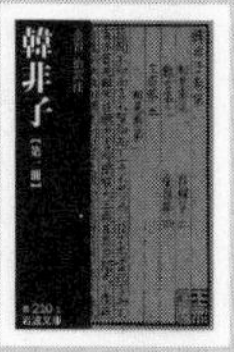

特に「説難」編の「こちらが弱い立場で人を説得することの難しさ」の記述は有益。

難易度B

瀧本哲史
『武器としての交渉思考』
星海社新書/2012

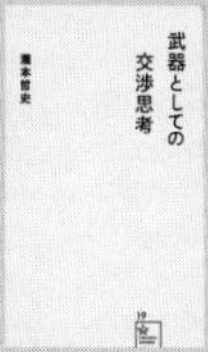

合理性に基づいた古典的な交渉理論と、非合理な相手との交渉をバランス良く。

難易度A

オースティン
『高慢と偏見』
小尾芙佐訳/光文社古典新訳文庫/上下巻/2011

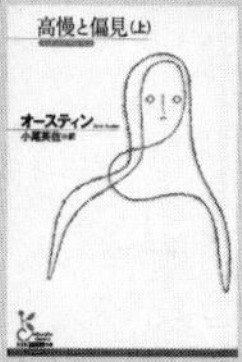

人の気持ちの揺れ動きや駆け引きを描いた恋愛小説の古典。

難易度B

R・ネルソン=ジョーンズ
『思いやりの人間関係スキル 一人でできるトレーニング』
相川充訳/誠信書房/1993

いわゆるコミュ力トレーニングブック。自信のない学生によく紹介している。

難易度B

「ハーバード・ビジネス・レビュー 人を動かす力」2014年1月号
ダイヤモンド社/2013

個人間や組織内で同意を得るための方法に関する先端理論をまとめている。

難易度B

宮地佐一郎
『龍馬の手紙』
講談社学術文庫/2003

薩長連合など難しい取引をまとめ、説得の達人だった坂本龍馬の研究に。

難易度C

Round 2

組織論

ニッコロ・マキアヴェッリ
『君主論』
佐々木毅訳／講談社学術文庫／2004
組織のトップが天国に行くための地獄ガイド。
難易度B

ジム・コリンズ、ジェリー・ポラス
『ビジョナリー・カンパニー
時代を超える生存の原則』
山岡洋一訳／日経BP出版センター／1995
「スゴイ企業」の俗説をデータで覆す。
難易度B

さて、「他者を味方につける」ことに成功したら、そこには組織ができる。現代は、組織の時代であり、国家、企業、地域、家族などあらゆるレベルで個人が集まってできた組織がある。しかし、この中で最も今日的な組織をあげるとすればそれは企業だろう。

多くの人は起きている時間の多くを企業での勤務に費やし、生活に必要な殆どのモノやサービスは企業によって供給されている。その一方で、企業は移ろいやすいものだ。わずかな事業計画と少数のメンバーで始まった企業があっという間に大きくなったかと思えば、数年後には完全に忘れ去られたりする。これは伝統ある企業ですら例外ではない。毎日のニュースでは、日本を代表する企業がばらばらになったり存続の危機に瀕《ひん》したりしている状況が報じられている。

そうした中で、果たして永続する組織はあるのか、それに共通する特徴はあるのか、という挑戦的な課題に取り組んだ本がある。それがジェームズ・コリンズ他の『ビジョナリー・カンパニー』である。

実はこれには先行する本がある。コリンズと同じく、経営コンサルティング会社マッキンゼー出身者が書いた『エクセレント・カンパニー』という本である。一九八二年に書かれた本で、当時日本企業に押され気味だったアメリカ企業の中でなお「卓越した企業」を対象にその共通点をあげ、ベストセラーになった本である。しかしながら、大変皮肉なことに、この本で取り上げられた企業の少なからぬものは没落し、また、研究の方法についても批判があった。

　そこで、コリンズは先輩の書いた『エクセレント・カンパニー』を超えるべく、一九五〇年以前に設立され（当時の計算で社歴五十年以上）、主力商品のライフサイクルを超えて繁栄し、経営者の交代があったにもかかわらず成功してきた企業をベンチマークし、似たようなポジションにありながらそれほど成功していない企業と比較することで法則を抽出しようとした。業界で尊敬され、我々の生活を変えてきた企業とは、３Ｍ、アメリカン・エキスプレス、ボーイング、シティコープ、フォード、ＧＥ、ヒューレット・パッカード、ＩＢＭ、ジョンソン＆ジョンソン、マリオット、メルク、モトローラ、ノードストローム、Ｐ＆Ｇ（プロクター＆ギャンブル）、フィリップ・モリス、ソニー、ウォルマート、ウォルト・ディズニーである。

　コリンズは、「成功しているだけではなく、長く続いているだけでもなく、崇拝されてさえいる」「スゴイ企業」を選んだとするが、本が出てから二十年も経《た》てば、残念ながらすでに輝きを失っている企業も散見される。それほどまでに、企業の永続というのは難しいということであろう。

まずは、『ビジョナリー・カンパニー』の主張を概観しよう。この本の面白いところは、我々が抱きがちな「スゴイ企業」の俗説をデータによって覆《くつがえ》すところにある。「スゴイ企業」というとどのようなものをイメージするだろうか。素晴らしいアイディアを持った偉大なリーダーのもと、素晴らしい職場環境で生き生きと従業員は働き、戦略的かつ計画性をもってビジネスを進めていく。そんな姿を想像するだろう。しかしながら、実は、先ほどリストされた名だたる「スゴイ企業」は、こうしたものと真逆の存在であるというのがこの本の主たる主張である。そして、各章の印象的なタイトルと圧倒的な事例がこの主張に説得力を与える。例えば、第二章「時を告げるのではなく、時計をつくる」、第六章「カルトのような文化」、第七章「大量のものを試して、うまくいったものを残す」などである。

なかでも、第二章の「時を告げるのではなく、時計をつくる」はこの本の主張の中心部分をなしている。コリンズは、今何時か正確に言えるリーダー、つまり、時代を予見し、正しいアイディアを言える存在を「時を告げる人」と喩《たと》える。しかし、そんな人はなかなかいないし、いたとしても世代交代によっていなくなってしまう。だから、特定のリーダーや特定のアイディアよりも、良い組織、良い仕組みを作ること、つまり「時計」を作ることに専念せよと主張する。その例として、盛田昭夫他の『MADE IN JAPAN』から引用して、ソニー創業期の無計画ぶりを指摘する。ソニーは素晴らしい企業理念を持っていたが、商品戦略はまるで決まっておらず、和菓子、ミニ・ゴルフ場なども検討した。炊飯器の試作に失敗し、商品化できたテープレコーダーは全く売れない。それでも会社が続いたのは、電気コードの上に座布団で座ったら、座布団が暖まったことから「発明」された、布に電線を縫い付けた「電気座布団」がまずまず売れたからだという。しかしその後、ソニーは東京通信工業から、銀行に勧められたソニー電気ではなくソニーとして、電機メーカーを超えた会社として大きく飛躍する。一方、比較対照会社のケンウッドは最初から音響メーカーで成功したが、この本が予見したかのように、業界再編に飲み込まれて会社としては姿を消すこととなる。

さらに面白いのは、ソニーの現在の苦境もコリンズの基準で説明可能なところである。ソニーの没落の原因は、本社が短期的な利益を追求する経営方針に変えたことにより、確実性が高そうな商品での勝負に走り、その結果、逆説的に競合他社との違いが小さくなり儲《もう》からなくなったためだとする指摘が、古いソニーOBの間でなされている。

実は、コリンズは、ビジョナリー・カンパニーの条件として、第三章「利益を超えて」、第五章「社運を賭けた大胆な目標」、第七章「大量のものを試して、うまくいったものを残す」をあげており、まさにソニーの没落を予言するかのような内容なのである。

もちろん、コリンズの議論にはややこじつけもある。ビジョナリー・カンパニーの条件に合う経営方針を最初からとることは難しい。その経営方針をとっているから成功しているのではなく、成功しているからそうした経営方針をとる余裕があった可能性もあるだろう。その証拠にビジョナリー・カンパニーに触発された経営者は数多くいるが、皆成功しているかというと、失敗した経営者も多いはずで、ただ、生き残った経営者だけがこの本の素晴らしさを喧伝《けんでん》している可能性もある（いわゆる生存者バイアス）。コリンズはこうした批判に答えるためにビジョナリー・カンパニーのステージに達する前段階にはなにをすべきかについての続編を書き（『ビジョナリー・カンパニー2　飛躍の法則』）、これまた非常に影響力のある本となっているが、これにも同様の批判が可能だろう。

それでも私は「ビジョナリー・カンパニー」シリーズの価値はそれほど損なわれないと思う。というのも、実は、このシリーズは、厳密な意味における科学的研究というよりも、偉大な企業を作るための修業指南書に近く、実際そのように受容されていると考えられるからだ。しかも、その修業は偉大な個人だからできるのではなく、組織に属する誰であっても、偉大な会社の実現に向かって何がしか貢献できることを示唆しているようにも思う。また、本と格闘するときには、その本を最悪の形で理解して批判するのではなく、一番良い意義を持つよう善意に解釈した上で読むべきだと思う。しかも、この本は名著だが、無人島に持って行く本ではない。読むと自分も偉大な組織を作りたくなる本だからだ。

つまり、この本の想定読者は、本と格闘する前に現実と格闘している人なのだ。だからこそこの本は、栄枯盛衰が激しい経営学の世界ではもはや古典と言って良いだろう。こうなると同じように、組織を語り、善意の解釈を必要とし、現実と格闘した人が現実と格闘する人のために書いた、しかし真逆の本を紹介せざるを得ない。それは、ニッコロ・マキアヴェッリの『君主論』である。

永続的に繁栄する組織について論考した『ビジョナリー・カンパニー』の結論は、カリスマ的リーダー不要論だったが、これと真逆の結論を論じた古典が、ニッコロ・マキアヴェッリの『君主論』なのだ。

『君主論』の最大の特徴は、タイトルは多くの人が聞いたことがあるにもかかわらず、実際にはあまり読まれておらず、かつ評判が悪いということであろう。『君主論』と聞いて最初に人が思い浮かべるのは「マキアヴェリズム」、即ち、目的のためには手段を選ばない残酷なリーダーのイメージである。昭和末期にある政治家が『君主論』を引用しただけで、失言扱いされて、新聞で叩《たた》かれたこともある。これは日本だけの話ではない。古今東西『君主論』は批判の対象になっており、ローマ教皇庁が反道徳的であることを理由に禁書にしたこともあるし、啓蒙専制君主として有名なフリードリッヒ二世はわざわざ「反マキアヴェッリ論」まで著している。

確かにマキアヴェッリの著書は刺激的な言葉に満ちている。例えば彼の主著である『ディスコルシ』には「もたらされた結果が立派なものなら、いつでも犯した罪は許される」とあり、これがマキアヴェリズムの出所であろう。『君主論』第一八章にも「賢明な君主は信義を守るのが自らにとって不都合で、約束をした際の根拠が失われたような場合、信義を守ることができないし、守るべきではない」と書いている。なるほど、確かに反道徳的なフレーズがちりばめてある。

ただ、ここで思考を止めてはいけない。古典を理解するには、その書がどのような人物によって、どのような文脈で書かれたかを理解することが重要である。ややデフォルメすると、『君主論』はクーデター騒ぎのとばっちりで失業した独学の非エリートが、新しい君主に雇ってもらうためのエントリーシートとして書いたものなのである。

マキアヴェッリは宗教過激派の革命政権が倒れた後のフィレンツェで官僚としてのキ

ヤリアをスタートする。大学を出ていないマキアヴェッリが任官したのは卓越したラテン語能力だけではなく、運もあった。そして、彼の上司が終身の行政長官に就任するとその右腕として、国内外で活躍した。外国勢力の介入もあって小国が乱立する、いわば「イタリア戦国時代」に、数多くの「大名（領主）」の人物を直接見聞きできる「見晴らしの良い場所」にマキアヴェッリは立っていた。

しかし、これも長くは続かない。中立を守っていたフィレンツェはスペインの攻撃を受ける。マキアヴェッリの上司は脱走、残されたマキアヴェッリは解任され、クーデター騒ぎに巻き込まれ冤罪《えんざい》で収監されてしまう。そんななか、教皇の弟ジュリアーノ・デ・メディチが新国家を建設するという噂《うわさ》を聞きつける。そこで、マキアヴェッリは新国家と君主のあり方についての書物を献呈することで再就職しようと、半年足らずで書き上げた本こそが、『君主論』なのである。しかし、マキアヴェッリはついてない。ジュリアーノは、献呈する前に死んでしまう。そこで、ジュリアーノの甥《おい》ロレンツォ・デ・メディチに献呈したが、これまた急死して、実際その目には触れなかったようである。その後、ロレンツォの後任のジュリオに歴史書の執筆を依頼されているが、再び、メディチ家が追放されると職を解かれ、失意のうちに急死している。

マキアヴェッリは再就職活動中、本当に生活に困っていて、少ない領地で鶏を飼ったり、ワインを作って何とか糊口《ここう》を凌《しの》ごうとしていた。そんなマキアヴェッリが書いた就職用論文、エントリーシートだからこそ、現実主義に依拠して、国家を生き延びさせていく強いリーダー、自分が仕えるに足り、かつ雇いつづけられるリーダーについての書物に『君主論』はなったのだ。マキアヴェッリは多くの手紙を残しているが、その中で既に述べたように「天国へ行くのに最も有効な方法は、地獄へ行く道を熟知することである」と書いている。ここでの地獄とは彼自身とその周りにいた多くのリーダー、混乱しているイタリアの現状そのものだったのである。

そういう背景を知って、『君主論』を読むともう少し違う見方ができる。さきほど引用した「君主は信義を守るべきではない」という刺激的なフレーズの続きに注目すると、「もし人間がすべて善人であるならば、このような勧告は良くないであろうが、人間は邪悪で君主に対する信義を守らない」という理由が展開されている。これを、マキアヴェッリが、歴史研究、現実政治、そしてなによりも自分の身に降りかかったことから導いた結論と考えれば、その言葉に重みを感じることができるのではないか。

現代の文脈でたとえるのであれば、ベンチャー企業で社長の参謀役をやっていて、多くの尊敬できる経営者と親交がある一方、自分の会社は優柔不断なトップが最後は夜逃げし、自分は債権者に詰め寄られたという経験を持った男が、厳しい環境でも生き抜けるリーダーを渇望して書いた本だと思えば、古今東西の多くのリーダーの（時には密《ひそ》かな）愛読書であっても不思議はない。

実際、マキアヴェッリ批判者の当のフリードリッヒ二世も負傷した兵士の宿営地で仮眠するなど、スタンドプレー的な人気取りを好んで行っており、「大衆は、事柄を外見とその結果とからのみ判断する」というマキアヴェッリの主張を地でいっているし、オーストリア継承戦争を仕掛けて、シュレジエンを手に入れるなど、極めて現実主義的な拡張主義者に他ならないのである。実は、フリードリッヒ二世は、『君主論』が密かな愛読書であるからこそ、あからさまに批判したのではないかと逆に読みとることができるのである。

不思議なことだが、挫折、失敗した人が職を得るためという極めて特殊な目的のために書いたメッセージが却《かえ》って普遍性を持つという例は他にもある。中国の古典で最も現実主義に立っている政治思想は、『韓非子』であろう。韓非は性悪説に立って儒教を批判し、人間の欲望と恐怖に基づいた絶対的権力の確立を中心に据えた統治理論を唱えた。これは現代においてすら中国圏の隠れた統治原理になっているという印象を持つ。実は、この韓非もまた、韓という小国の諸公子という立場から出世できず、自分の考えを実現できなかった。何とか隣の大国・秦の王、政《せい》（後の始皇帝）に取り立てられようとしているうち、「孤憤《こふん》」編と「五蠹《ごと》」編が読まれてチャンスを得たが、結局邪魔が入り自殺させられた。

書店には、成功した人物が書いた、多くの読者を対象にしたやや自慢話風の「天国のような話」が今日も並んでいる。しかし、本当に天国に行く方法を知りたいのであれば、地獄を見た人達の明日の生活をかけた、いわば、血と汗で書かれた書籍を読むべきなのではないだろうか。

成功には偶然の要素もあり、その要因は本人にもわからないことが多いのに対して、失敗は再現性がある。当人が高い授業料を払って学んだもので、そこから得るものは多い。もちろん、自分で高い授業料を払って学ぶのも一つの手ではあるが、時間もお金も有限なのだから、授業料は他人持ちにして、他人が失敗から得たものを学ぶ方が、コストが少なくて良いと思う。

こう考えてみると、『ビジョナリー・カンパニー』という天国について書かれた本と合わせて、地獄の底から天国を見上げた『君主論』は必読書ということになるだろう。

Round 2 Book Guide

ロナルド・H・コース『企業・市場・法』

宮沢健一、後藤晃、藤垣芳文訳／東洋経済新報社／1992

組織の存在理由と限界を経済学的に解明したノーベル経済学賞受賞者の古典。

難易度C

ポール・ミルグロム、ジョン・ロバーツ『組織の経済学』

奥野正寛、伊藤秀史、今井晴雄、西村理、八木甫訳／NTT出版／1997

組織の様々な現象、課題を経済学の手法で説明する好著。

難易度C

川村尚也『「王様のレストラン」の経営学入門 人が成長する組織のつくりかた』

扶桑社／1996

テレビドラマをケースに、性善説とチームの力を信じる組織論。

難易度A

瀧本哲史『君に友だちはいらない』

講談社／2013

理念を共有したチームの作り方、人的ネットワーク論。

難易度A

高橋伸夫『虚妄の成果主義 日本型年功制復活のススメ』

ちくま文庫／2010

いわゆる成果主義の問題をえぐり、年功制のメリットを説く。

難易度B

ナンシー・ルブリン『ゼロのちから 成功する非営利組織に学ぶビジネスの知恵11』

関美和訳／英治出版／2011

会社よりも経営が難しい非営利組織を素材にした経営論。

難易度B

Round 3

グローバリゼーション

サミュエル・ハンチントン
『文明の衝突』
鈴木主税訳／集英社／1998
カオスな世界は終わらない。
難易度B

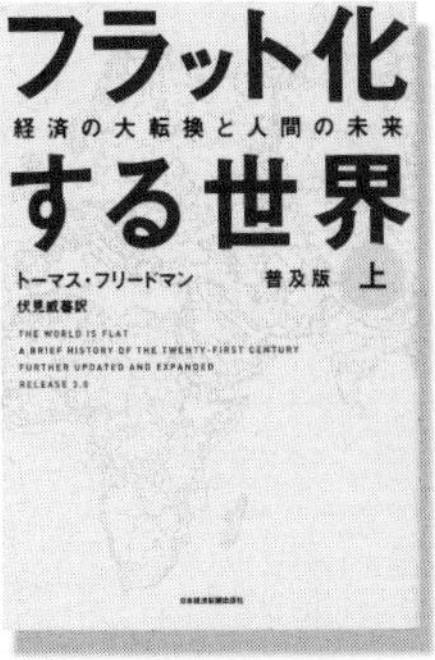

トーマス・フリードマン
『フラット化する世界
経済の大転換と人間の未来』
伏見威蕃訳／日本経済新聞出版社／普及版／上中下巻／2010
世界は一つの市場となる。
難易度B

今から八十年後の未来に、二十一世紀はどんな時代だったかと振り返ると、情報技術の進歩によりグローバリゼーションが進展した世紀と回顧されるだろう。そして、そのときに、時代を先取りしていた書として取り上げられるであろう一冊として、本章で素材にしたい、トーマス・フリードマン『フラット化する世界』があげられるだろう。原書の副題に「二十一世紀の概説史」とあるように、現在進行形の未来について語った「未来の古典」とも呼ぶべき本である。

著者のフリードマンは、現代中東研究で修士号をとり、UPI通信の特派員としてキャリアをスタートさせたジャーナリストである。ニューヨーク・タイムズに移って、ベイルート支局長としてイスラエルのレバノン侵攻を報道し、一九八三年のピュリッツァー賞を受賞。その後、エルサレムに派遣され、一九八八年に再びピュリッツァー賞を受賞。二〇〇二年にはテロ問題に関する論考で三度目のピュリッツァー賞を受賞するという筋金入りのジャーナリストであり、このバックグラウンドが『フラット化する世界』を凡百のビジネス書とは一線を画するものにしている。つまり、この本は、その主張を読み取るだけではなく、フリードマンが世界中から集めてきたインタビューや事実報道の「歴史書」として、そこから自分自身が思考する素材を読み取る本でもあるのだ。

『フラット化する世界』の主張はきわめてシンプルである。「インターネットを通じて、世界中の市場が一つに繋がり、先進国も新興国も同じ土俵で競争するようになると、社会の運営の仕方、個人の生き方を見直す必要があるだろう」というものである。

「フラット化した世界」のわかりやすい事例は、製造業の国際的分業である。アップル製品を買うと、製造地を表す表現として、「カリフォルニアでデザインし、中国で組み立て」と書いてある。アップルの製品は、ごく少数のデザイナーがカリフォルニア本社でデザインを行い、その指示に基づいて、中国の工場で組み立てられている。そして、その部品のうち少なくない種類のものが、日本で作られている。アップル製品は世界中で販売されているが、もし、不具合があってサポートセンターに電話をすると、かなりの確率でインドに転送され、イギリス英語、アメリカ英語など英語の違いにも対応できるように訓練されたインド人スタッフが対応してくるだろう。

このようにＩＴ技術の進歩により、世界が擬似的に一つになる。雇用も先進国から発展途上国に移転し、移転した富によって、発展途上国の市場が、労働市場だけでなく顧客市場としても、グローバル市場のなかで重要な位置づけに変わっていき、最終形態として世界は一つの市場になるというわけである。

　簡単に内容を概観すると、第1部で世界をフラット化した「一〇の力」と「三重の集束」が取り上げられる。この「一〇の力」はややレベル感が異なるものが並列されており、正直、冗長な部分がある。また、ジャーナリストが書いた「旬の素材」という性質上、鮮度が落ちてしまっている。インターネットを代表する会社として取り上げられるのはネットスケープであり、グーグルには一節が割かれているが、フェイスブックやツイッターといったソーシャルネットワーキングサービスは出てこない。初版が二〇〇四年五月であり、その後、「増補版」、「リリース3・0」と改訂を重ねたわけであるが、二〇〇六年九月にフェイスブックが紹介制サービスから一般公開サービスに変わり、二〇一〇年には、グーグルをトラフィック（送受信される情報量）で抜くというスピード感の中ではいかにも古い本になってしまっている。

　しかし、それをもってこの本の価値を低く考えてはいけない。むしろ、個別の事象を超えた二十一世紀の変化を考える素材集として、自分のアイディアを刺激するためのキッカケとしてとらえるべきだ。どこが古くて、どこが新しいのか、何が一時的なブームで何が大きなトレンドなのかを自分で考えるための素材として、この「未来の古典」と「格闘」すべきである。

その証拠に、抽象的にではあるが、その後の変化の本質を言い当てているようにも読めるところもある。例えば、フラット化の要因③は、「共同作業を可能にした新しいソフトウェア」であるし、フラット化の要因④は、「アップローディング：コミュニティの力を利用する」であったりする。そうなると、ここでフリードマンが提出している概念の抽象度からすると、ツイッターですらまだ過渡的なサービスという気がしてくる。例えば、フリードマンが「三重の集束」と言っている、コンピューターと通信ネットワークがばらまかれ、それが現実のビジネスのやり方を変化させ、しかもその仕組みに発展途上国も含めて世界中が参加するという現象は、世界全体から見ればまだごく一部の出来事であり、フリードマンの問題意識は現在進行形の話だからだ。二〇一六年現在、話題の中心になっているネットサービスは、洗濯、倉庫業、印刷、といった古い産業をインターネットを通じて組み替えるようなサービスであり、現在進行形の「三重の集束」なのである。

さらに言えば、国家、企業、個人へのインパクトについて仮説を提示した第2部以降は、主にアメリカ国民を読者にしたように書かれているが、十年たって、むしろ、日本の現状に対する問題提起のように読めてくる。それは、理工系教育の低下であり、学力低下であり、競争ないし成功に対する意欲の低下であり、貧困層の教育水準の低下だったりする。また、ビル・ゲイツへのインタビューを引いて、「創造的教育」の名の下に、基礎を系統的に学習する日本的な教育をアメリカが軽視していることの問題点が指摘されている。ところが一方、日本では時間差で「クリエイティビティ」の名の下に基礎学力、系統的な学習の基盤が少しずつ切り崩されている前兆が見られる。つまり、十年前のアメリカの話どころか、日本は「周回遅れ」なのではという問題意識を持てるのも、「未来の古典」ならではの楽しみ方と言える。

もちろん、『フラット化する世界』が成り立つ前提には、「英語」という共通基盤の存在が無視できない（『フラット化する世界』では、言語はいずれ関係なくなると言うが、実際のところ、囲碁でコンピューターが名人に勝つ時代に、翻訳ソフトではまだまだ苦戦している）。そうすると逆に、日本語コミュニティ内の「フラット化する日本」という問題の立て方もできるだろう。実際、私は、定型性の高い業務は稼働率が低く単価の安い地方の弁護士に依頼するようにしている。つまり、国内アウトソーシングである。また、日本語コミュニティ内の「発展途上」エリアにもチャンスが出てくる話として読み替えることもできるだろう。

このように、古典はその時代性、地域性を超えた普遍性を抽出することによって、逆に今、この場所で使える武器に作り替えることができるのである。だからこそ、大昔のイタリアのリストラされたサラリーマンが書いた就職エントリーシート(『君主論』=前章)が現代に通用するがごとく、十年前にアメリカで書かれた本が、現代、あるいは未来において、日本の地方都市で役立てられるということは「未来の古典」からすれば当然のことになる。

さて、この本が何度か改訂された理由の一つには、「フラット化する世界」に取り込まれておらず、また、取り込まれることを拒否していながら、逆に「フラット化する世界」を利用して、「フラット化する世界」に攻撃を行った事件に対する示唆をフリードマンが示したかったことにもある。すなわち、9・11同時多発テロの位置づけである(原著にはこの文脈からの批判者が結構出た)。テクノロジーによって繋がった世界を市場メカニズムが覆うことによって、世界が「フラット化」するというシナリオの『フラット化する世界』だが、皮肉なことにそのテクノロジーと市場システムを利用したテロ事件が起こり、「フラット化」の課題について、改訂版で扱うことになったのだ。

「フラット化する世界」は本当に世界を覆うのか、それとも亀裂が生じるのか――。この問題に答えるためには、全く逆の立場の本と戦わせるのが良い。サミュエル・ハンチントンの『文明の衝突』である。

まず、この本が出された時代背景を押さえておく必要がある。初出は外交専門誌「フォーリン・アフェアーズ」の一九九三年七月号に掲載された「文明の衝突?」という短い論考であった。冷戦が終わり、世紀末が意識された当時、世界はどのような秩序体系になっていくのかということをテーマとする本がブームになった。この中の大ベストセラーがフランシス・フクヤマの『歴史の終わり』(一九九二年)である。『歴史の終わり』の主張は、「歴史上、様々な思想、社会制度が攻防を繰り広げ発展してきたが、民主主義と自由経済が最終的に勝利し、社会の平和と自由と安定を無期限に維持する形で収束する」という未来予測である。これは、あくまでも自由主義の思想的な考察から導かれたものにもかかわらず、冷戦がアメリカないし自由主義諸国の勝利で終わったことで、あたかも実証研究であるかのような強い説得力を持った。そして、自由経済が世界を安定させるという主張の世俗的な言い換えで、この思想を実証しようとしたものが、『フラット化する世界』の著者フリードマンの先行著作『レクサスとオリーブの木』である。そこには、「黄金のM型アーチ理論」というものがあげられている。すなわち、「マクドナルドがチェーン展開できるぐらい中産階級が発達した社会においては、戦争よりもマクドナルド的豊かさを優先するので戦争は起きにくくなる」という主張である。この延長線上に『フラット化する世界』があるのは理解しやすいことであろう。

その『歴史の終わり』的世界観に冷水を浴びせた論考が「文明の衝突?」であった。

当時私は大学生だったが、周囲でも、賛否両論で非常に話題になったことをよく覚えている。そして、その反響のさなか、一九九六年に書籍化されたのが『文明の衝突』である。そういう意味ではこの二作品の対決は宿命的なものといえよう。

まず、簡単に『文明の衝突』の主張を紹介しよう。『文明の衝突』は現代世界をおおよそ八つの文明に分類する。すなわち、中華文明、ヒンドゥー文明、イスラム文明、日本文明、ロシア正教会文明、西欧文明、ラテンアメリカ文明、アフリカ文明である。これらの文明の中では、共通の価値観が存在し、違う文化、違う国家があったとしても、それは大きな文明の中では小さな差異でしかない。そして、冷戦が終わり、さらには超大国アメリカの力が相対的に落ちてくると、イデオロギー的な対立ないし同盟よりも、文明の中での中核国の影響力の増大、文明同士の紛争といった視点が、安全保障、国際経済を考察する上で、重要になってくるという仮説を提示する。中核国というのは、西欧文明であれば、イギリスからアメリカに移ったと言えるだろうし、中華文明の中核国は中国になる。一方、日本は、一文明で一国家という特殊な文明という位置づけをハンチントンはする（この文脈でハンチントン理論は日本でも人気があった）。

以上を踏まえ、各文明の未来をハンチントン理論は予測する。すなわち、西欧文明は長らく支配的な文明だったが、今後はゆっくり衰退する危機にある。逆に中華文明、そしてイスラム文明の力が強くなっていく。この結果、西欧文明に対して中華、イスラムという非西欧文明が挑戦をしてくるという未来予測が行われる。ハンチントン理論は現実の地域紛争についても新解釈を提示する。今までイデオロギー的な対立に見えていた地域紛争も実は文明の境界付近で起きている紛争（フォルト・ライン戦争）であり、これは半永久的に続きうるだろうとする。一方、こうした紛争は文明の中核国の介入によりエスカレーションすると文明同士の紛争にまで発展してしまうので、中核国同士が自制して国際秩序を維持するべきであるとし、逆に文明内の紛争にはお互いに干渉しないことにしようといった主張が導かれてくる。

この理論に従えば、日本はどの文明圏にも属さず、また、移民を通じて海外に文明の影響力を輸出しているわけでもないので、ある種の「孤立国」であるが故に、西欧文明と非西欧文明（東アジア文脈では中華文明）の衝突の中でどちらに与《くみ》することもできず、非常に難しい舵取り《かじと》りが必要になってくる。

ハンチントンによれば、日本は、第一次世界大戦前にはイギリス、大戦間時代にはファシズム諸国（ドイツ、イタリア）、第二次世界大戦後はアメリカと、その時々の強い国に「追随」する戦略をとってきたが、今後は、アメリカと中国の力関係を比較検討しどのような戦略をとるかが決定されると断じる。そして、東アジアの政治はこの三ヶ国の力関係で決まる中、日米、米中は関係が強化されているが、日中間だけ弱いとしている（サミュエル・ハンチントン『文明の衝突と21世紀の日本』集英社新書、二〇〇〇年）。

以上の主張にどんな感想を持つだろうか。『文明の衝突』の主たる想定読者はアメリカの外交政策の関係当事者であるから、日本人から見ると、アメリカ中心の世界観に嫌気がさす人もいるかもしれない。また、国際政治アカデミズムでも、この本の評価は一定しない。事象を単純化している、文明の定義が曖昧である他、事実の評価についても議論の余地が結構あって、最初の論文が大反論に晒《さら》されたが故に、再反論として書籍が出されたとすら言えるぐらいである。特に国際政治関係者の中の理想主義者からは、日本国内でもやや感情的とすらいえる反論があった。

ただ、一方で、一九九〇年代半ばからこの二十年間を冷静に振り返ってみると、世界の各地域で「文明の衝突」と見られる紛争が数多く起きており、シリア、ウクライナ、スーダンといった、現在、国際社会を悩ます諸紛争も文明の境界付近での「フォルト・ライン戦争」と見ることができるし、9・11事件はもとより、最近の東アジアにおける中国と周辺諸国との緊張の高まりも「文明の衝突」と見えなくもない。また、なぜ、韓国が中国に接近し、韓米同盟、日米同盟、日韓同盟という「軍事同盟」や日韓の経済的な関係を軽視して日本との距離を取ろうとするのかも、「文明」の求心力の方が強いというハンチントンの主張を裏付けるかのようである。二十年前の本でありながら、あたかも「予言の書」のように読むことすらできるだろう。

実際、『フラット化する世界』の世界観が少なからぬネットベンチャー企業に影響を与えているように、『文明の衝突』は世界の政治的指導者の考え方に少なからず影響を及ぼしている。それを踏まえると最近の安全保障を巡る様々な議論や諸外国の不合理なように見える戦略もかなり理解しやすくなるのではないだろうか。ただ、ハンチントンの主張は、対立をいたずらに煽《あお》るところにあるわけではない。冷徹なリアリズムに基づいて、現実の紛争をなるべく回避するための知恵を提示しようとしていると見るべきだろう。

これからの時代、多くの日本人は世界中でビジネスをしなければならないし、二〇二〇年には世界をスポーツで束ねようとするオリンピック・パラリンピックが東京で開催される（※二〇一六年時点）。特殊な位置にいて何か役割を果たせるかもしれない日本人がこれからの生き方の指針を考える上で、間違いなく武器になる一冊であろう。

Round 3 Book Guide

キショール・マブバニ
『「アジア半球」が世界を動かす
新世紀亜細亜地政学』

北沢格訳／緒方貞子解説／日経BP社／2010

シンガポール人によるアジア中心の地球論。偏りあるが故に面白い。

難易度B

パンカジ・ゲマワット
『コークの味は国ごとに違うべきか ゲマワット教授の経営教室』

望月衛訳／文藝春秋／2009

世界のグローバル化は単純すぎで実際には地域差は残るという経営論。

難易度B

デヴィッド・ロスコフ
『超・階級 グローバル・パワー・エリートの実態』

河野純治訳／光文社／2009

グローバリゼーション時代の世界のパワー・エリートの狭いコミュニティを描く。

難易度B

ジェフリー・サックス
『貧困の終焉
2025年までに世界を変える』

鈴木主税、野中邦子訳／ハヤカワ文庫NF／2014

グローバリゼーションは格差拡大ではなくむしろ貧困の撲滅に役立ち得ることを説く。

難易度C

ブラッド・ストーン
『ジェフ・ベゾス 果てなき野望
アマゾンを創った
無敵の奇才経営者』

井口耕二訳／滑川海彦解説／日経BP社／2014

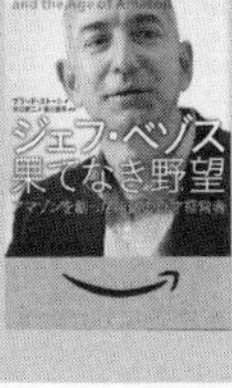

世界中に究極のネットサービスを作ろうとしているAmazonの物語。

難易度B

レイモンド・P・シェインドリン
『ユダヤ人の歴史』

入江規夫訳／河出文庫／2012

有史以来世界に広がりそれぞれの地域に影響を与えた民族の歴史。

難易度B

Round 4

時間管理術

エリヤフ・ゴールドラット

『ザ・ゴール　企業の究極の目的とは何か』

三本木亮訳／稲垣公夫解説／ダイヤモンド社／2001

全体最適化で根本から変える。

難易度B

デビッド・アレン

『はじめてのGTD
ストレスフリーの整理術』

田口元監訳／二見書房／全面改訂版／2015

目の前のことに全力集中する。

難易度A

雑誌には鉄板のテーマというものがある。雑誌の特集テーマを決めるのは編集長の最も重要な仕事だが、これならある程度の反響が期待できるというテーマがある。例えばそれは、女性誌における恋愛特集であったり、ボーナス時期前のマネー特集などである。そして、ビジネス誌の鉄板テーマとなると「時間管理術」ということになる。

なぜなら時間は全ての人に平等に与えられており、加えて現代社会は忙しくなる一方だからだ。グローバリゼーションなんて、私には関係ない、という人でも、時間管理には関心を持つだろう。であるから、私にも何度か「時間管理術」の本の企画が編集者から持ち込まれている。しかし、私がこうした企画で本を出すことはないだろう。どのように時間を使うのが良いかは、人によってかなり異なるし、それは人生の選択そのものだから、一般論としての答えはない。また、「年収の高い人と低い人では時間の使い方が違った！」といった特集がビジネス誌で組まれるが、これは、年収と年齢はかなり相関しているので、年齢の差やポジションの違いでしかない疑似理論がほとんどだ。例えば「年収が高い人は多くの雑誌を購読し、読む時間が長い」が、だからといって雑誌を読めば年収が増えるというものでもない。これは可処分所得が高いから有料コンテンツを買えるのであり、年齢が高いほど世代的に雑誌に親しみがあるからに過ぎない。もう一つ例を挙げると、以前、数千人規模でテレビの視聴時間と年収との関係を調べたことがあるが、年収が高い人ほどテレビを観《み》ている傾向があった。だからといって、テレビを観れば年収が増えるわけでもない。これは単にテレビを観る習慣は中高年が高く、この世代は年齢が上がれば年収が増える世代であるからだ。実際、同じ年齢同士で比較するとテレビを観る時間が長いほど年収が低い傾向があったのだが、これは早く帰宅して、コストの掛からない娯楽が、自宅でのテレビ視聴ということの反映に過ぎない。

こうなると残された方法は個々の作業の効率を上げる施策となるが、これは仕事の種類はたくさんあるし、内容も千差万別だから、インパクトが小さい細かいテクニック集にしかならない。せいぜい、個人のブログ向けだ。こうした状況において、なお、定番でもはや古典とすら言える「時間管理術」の本を選べというのであれば、この一冊だろう。それは、デビッド・アレンの『全面改訂版　はじめてのＧＴＤ　ストレスフリーの整理術』である。タイトルからもわかるように、この本は厳密には「時間管理術」の本ではないかもしれない。実は、そこにこの本のアプローチの面白いところがある。

この本のタイトルＧＴＤは英語の Getting Things Done の頭文字で、要は「仕事を終わらせる」という何ともシンプルなものである。実際、この本の主張も突き詰めて言えば、とてもシンプルだ。なぜ、人は忙しく感じるのか。「それはやることがたくさんあっていつも追い回されている気がするからだ」とアレンは考える。また、たくさんのことを成し遂げるために、時間あたりの生産量を増やすにはどうしたらよいのか。これに対するアレンの答えもシンプルで、それは「究極的には目の前のことに瞬間瞬間全力で集中する他ない」というものである。確かに、これならどんな仕事、どんな立場、どんな状況にもあてはまりそうな普遍的な命題だ。

では、その原因分析から、アレンはどうしろと主張するのか。「心を落ち着けて、目の前のことに集中する」というと、なにやら修行のようだし、どこかしら東洋的な雰囲気がある。実際アレンの他の本を読んでいると禅の話や空手の型の話とかが出てくる。アップルの創業者スティーブ・ジョブズが典型であるが、アメリカのテクノロジー畑の人に限って、東洋思想が好きだったりする。アレンもどうやらその系列の人のようだ。それでは、精神論や修養を説くのかと思いきや、全く逆で、アレンは、極めて具体的かつシンプルなテクニックを提唱する。それは、やるべきこと、気になっていることをともかく全てリストアップして、整理せよというのだ。というのも、全てをリストアップすることで、忘れてしまう心配がなくなるから、頭の中を空っぽにすることができるという論理である。頭の中を空っぽにしてしまえば、あれもやらなければ、これもやらなければと悩むことはない。そうなれば忙しく感じないし、空っぽの精神をもとに目の前の課題に当たることで集中できるから、自然と生産性も上がるというわけだ。

一応、メソッド的には、五段階に分かれている。ステップ1／〝把握する〟頭の中にある「やらなければならないこと」「気になっていること」（問題）を書き出すなどして頭の外に出す、ステップ2／〝見極める〟頭の外に出した内容を分類して見やすいリストにする、ステップ3／〝整理する〟リストを手帳やスケジュールソフトに反映させる、ステップ4／〝更新する〟システム全体を見渡し、最新の状態を維持する、ステップ5／〝選択する〟目の前の「できること」を順に片付けていく、などとなっているが、これらは根本思想の「全てをリストアップし、忘れて目の前のことに集中せよ」のための手段である。

これだけ聞くとどこがこの主張の新しいところかわかりにくいと思われる。実は、このアレンの考え方は、時間管理における、優先順位主義とコントロール主義を否定したところが新しいのである。これはジェームズ・ヌーン『「A」タイム　時間管理のスーパーテクニック』（ティビーエス・ブリタニカ）あたりに起源がある考え方で、やるべきことを重要性と緊急性の高低で整理し、重要性の高い仕事を重視し、緊急性の高さに振り回されないようにし、重要性の低い仕事は委任せよという考え方で、現在の大抵の「時間管理術」本には同工異曲がのっている。

アレンは、結局全部やらなければいけないので、優先順位をつけるのは難しいし、むしろ、その瞬間、瞬間にやるべきことはリストとスケジュールから自然にわかるという、偶然や直感を重視する考え方に立っている（これも、東洋的だ）。合理性を追求した結果、かえって、ある種の曖昧さが残り、そのくせ、リストアップする行為はとてもストイックで修行のようでもあるこのメソッドが、多分、今一番多くの人に支持されているメソッドなのである。

実際、このメソッドに影響を受けているOmniFocusというMac向け有料ソフトは五本の指に入る売上げだ（私もユーザーだ）。なぜ、ここまで受けたのか。これは仕事の取捨選択もできず、部下やアシスタントを使えないので委任もできず、次々と仕事が舞い込んで、優先順位の低いことにも頭を悩ませ、自分を見失っている現代のフツーのビジネスマンの修行ないし精神安定メソッドとして、拡《ひろ》がっているからではないのかと私は考えている。

ただ、このメソッドに問題がないわけではない。実は本当に仕事の効率を上げる方法は、やること自体を根本的に組み替え、努力を必要としない仕組みをつくることによって桁違いの結果を得ることだ。対して、このメソッドだと仕事が進んでいるような達成感があるので、逆にそういったドラスティックな変化の可能性を軽視して、目の前の仕事に邁進《まいしん》してしまう危険性もある。もう一つの落とし穴は、仕事の順番、依存関係、他者との相互作用といった全体最適化に関する考察が不足しているところである。一つ一つを頑張っても実は全体が良くなる保証はないのである。

こうした、仕事の全体性を小説という手法を使って説明した、ちょっと変わった本がある。それが『ザ・ゴール』である。

「世界で1000万人が読んだビジネス書」（帯の惹句《じゃっく》）。〝日本での発売が、著者の強い希望で長らく見送られていたビジネス書〟。こういう触れ込みの本があったらあなたはどう思うだろうか。購買意欲を煽るためのコピーにも思えるが、とりあえず手に取ってみようと考えるのではないだろうか。しかし、手に取ると、薄いビジネス書がはやる昨今に、五百ページを超える本。そんな冗談みたいなビジネス書が、エリヤフ・ゴールドラット著『ザ・ゴール』なのだ。

オレンジ色のかなり目立つ表紙だから、書店で目にしたことがある人も多いだろう。しかし、この厚さにめげて、結局読んでいない人も多いのではないか。これほどまで分厚い本であるにもかかわらず、なぜこれだけ売れたのだろうか。実際、『ザ・ゴール』

は基本的には工場の生産管理で役立つＴＯＣ（Theory of Constraints 制約条件の理論）に関する本だ。

ただ、私はこれを、作業全体の時間を短くするという意味で、本格的な「時間管理」の本として読んでみて欲しいのだ。実は、この本がこれだけ厚いのは、ＴＯＣという専門的なコンセプトを小説仕立てで丁寧に説明したためである。そういう意味では、ビジネス書の大ベストセラーとなったアメリカ版『もしドラ』（岩崎夏海著『もし高校野球の女子マネージャーがドラッカーの『マネジメント』を読んだら』）と言えなくもない。

まず、『ザ・ゴール』の全体像をおさらいしておこう。主人公アレックスはアメリカの機械メーカーの工場長である。その工場は採算性が悪化しているため、本社から工場閉鎖を告げられる。残された三ヶ月の期間に再建できなければ、ゲームオーバー。スポーツ系のマンガなどでもよくあるパターンだ。「優勝できなければ廃部」であり、このひねりとして東大に合格しなければ廃校という『ドラゴン桜』（三田紀房著）というマンガもあった。ある意味、型通りの状況設定である。そこにコーチ役が現れる。空港でたまたま出会った大学時代の恩師で物理学教授のジョナである。そこで、ジョナ教授は「会社の目標は何か？」という問いをアレックスに与える。アレックスはいろいろ考えた末にそれは「利益」を上げることであるという結論に達する。さらに言えば、会計上の利益よりも、実際に現金がどれくらい入ってくるかということを重視して、お金が実際に入ってくる割合である「スループット」、お金を滞留させる量である「在庫」、お金を支払う量である「作業経費」の三つだけを見るという指標、判断基準を提示する。「ゴール」がハッキリすれば、それに対して一番効率的な方法を考えればよいということになる。アレックスは、それまではあれもこれもといろいろなことを考えなければならなかったが、とてもシンプルに思考できるようになる。

　その上で、どうすれば、この「ゴール」に近づけるようになるのか。ここでも、ジョナ教授はヒントは与えても正解を教えたりはしない。アレックスはあれこれ頭を悩ませているうちに、スループットを最大化するためのコアの理論となる、DBR（ドラムバッファーロープ）理論を、仕事と離れた活動である、「息子のボーイスカウトのハイキングの隊列を一番速く進めるにはどうしたらよいか」、というところから「発見」する。この理論がどういうものかを簡単に説明するのは難しいのだが（それゆえ分厚い本になる）、それでも無理矢理簡単に説明すると、隊列の全体の速度を速くするためには、一番遅いところ（ボトルネック）を少しでも速くするように考えるべきで、それ以外のところをどんなに速くしても最終的なアウトプットに影響をしないので無意味である。さらに言えば、そのボトルネックを改善することで他の部分に無駄があっても結局は最大の効果が出るというものである。本に載っている比喩を使えば、一番遅い子供の荷物を他の子供にシェアさせたり、一番遅い子供を先頭に立たせて、その子の速度に合わせたり、一番遅い子供の速度を超えて、先頭が速くなっても無駄なので、手をつながせて距離を制限するというものである。つまり、全員が一生懸命全力で取り組むというのは、全体のアウトプットの改善には繋がらないので、プロセスを分析したり、資源配分を効率化した方が良いということになる。

著者のゴールドラットがこの本を書いた頃は、ちょうど日本が驚異的な生産性（実態は長時間労働と低賃金だったりするのだが）でアメリカを倒そうとしているときであり、全体が見えない〝頑張りズム〟の日本が「全体最適化」の思想を身につけたら、手がつけられない存在になると考え、日本ではいわば「禁書」にしたということなのである。『ザ・ゴール』は世界中で売れ、海外の生産管理、サプライマネジメントのレベルは日本と遜色のないものになっていると言って良いだろう。さらには、三十年の時が経ち、今では日本がかつてのアメリカの立場に陥っているような状況である。『ザ・ゴール』の考え方は、製造現場では浸透しているが、ホワイトカラー、サービス業の分野ではまだ部分最適化の考え方が残っていると感じている。

さて、ここで『もしドラ』がどのような本か振り返ってみよう。『もしドラ』でも、弱小野球部の立て直しという問題が提示される。そこでもやはり、最初の問いかけで「野球部という組織の目標は何か」という提示がなされ、「顧客に感動を与える」というドラッカーの「マネジメント」理論から、部員、学校全体、さらには社会すらも顧客ととらえていく。その後も様々な課題が出されるのだが、その答えは常に「マネジメント」の中に存在し、次々と問題を解決していくうちに、野球部はなぜか強くなっていく。そこには、「みんなの頑張り」がドラマティックに描かれていて、この感動的なストーリーは全国民的なブームとなり二百八十万部を突破する大ベストセラーとなった。

　日米のベストセラーを比較してどのような感想を持たれるだろうか。私は彼我《ひが》の違いを痛感せざるをえなかった。『ザ・ゴール』は、かつてのアメリカが今の日本のように追い詰められたときのベストセラーである。『ザ・ゴール』で提示されている会社の目標は、会社の生存であり、利益というシビアなものである。これに対して、『もしドラ』の目標はあまりに漠然としたものでしかない。また、やった活動と成果の関係は、『ザ・ゴール』では物理学の教授が登場することからもわかるように、科学的であり、定量的であることが強調される。ジョナ教授は常に仮説を立てて検証するという科学的アプローチを強調し、具体的に何を変えるとどう変わるのかという因果関係を明確にする。一方、『もしドラ』ではみんなが一つになって打ち込んだら結果が出たという精神論が中心となっている。

さらに、両者の問題解決のアプローチを比較してみても、思考様式の違いを痛感する。ジョナ教授は答えを教えたりしない。問いかけをするだけで、アレックスが自分で考えて自分で答えを発見することを支援するだけであり、自分で考えて自分で決めることが強調される。その証拠に、工場を救うことになる中核の概念すらアレックスが自分で偶然見つけたものだ。一方、『もしドラ』では答えは『マネジメント』に載っていて、それを読んで覚えて、応用段階で工夫してみるという形式になっている。

わかりやすく図式化すると、『ザ・ゴール』の学び方が「大学、大学院での学び方」だとすると、『もしドラ』は文字通り「高校生の学び方」である。そこには新しい知識、コンセプト自体の創造や科学性、実証性は欠如している。同じ数百万部売れた本を比較するだけで、アメリカと日本のビジネス書の読者層ないし問題意識の違いに驚かされる。

もし、個別のノウハウと精神論によって時間管理を向上させるのであれば、関連情報をネットで読めば良いだろう。だが、効率を良くする、組織としてかかる時間を短くするとはどういうことかを考えたいのであれば、五百ページあっても『ザ・ゴール』は時間対効果の高い本だと言えるだろう。

Round 4 Book Guide

マット・リドレー『繁栄 明日を切り拓くための人類10万年史』

大田直子、鍛原多恵子、柴田裕之訳／ハヤカワ文庫NF／2013

一個人の時間感覚を相対化させる人類史。

難易度B

ジョナサン・ワイナー『寿命1000年 長命科学の最先端』

鍛原多恵子訳／早川書房／2012

時間管理の重要性の原因である生命の一回性と、寿命が時間の制約を外す可能性を説く。

難易度B

本川達雄『ゾウの時間 ネズミの時間』

中公新書／1992

人間の持つ時間概念の相対性について生物学の視点から考察する。

難易度A

G・パスカル・ザカリー『闘うプログラマー』

山岡洋一訳／日経BP社／新装版／2009

史上最大のプロジェクト、WindowsNT開発記。時間管理の極端な例。

難易度B

松本清張『点と線』

新潮文庫／1971

松本清張作の時刻表トリックの古典。

難易度A

ハイデガー『存在と時間』

原佑、渡邊二郎訳／中公クラシックス／全3巻／2003

アリストテレス以来の均質で無限の時間より、先駆的決意性からの時間への転換。

難易度C

Round 5

どこに住むか

エンリコ・モレッティ
『年収は「住むところ」で決まる 雇用とイノベーションの都市経済学』
池村千秋訳／プレジデント社／2014
イノベーション都市に住め。 難易度B

×

アナリー・サクセニアン
『現代の二都物語 なぜシリコンバレーは復活し、ボストン・ルート128は沈んだか』
山形浩生、柏木亮二訳／日経BP社／2009
なぜ都市に差がつくのか。 難易度B

人生においては、重要な意思決定が必要な場面が幾つかある。どんな学校を選ぶのか、どんな友だちを選ぶのか、どんな職業を選ぶのか、どんな配偶者を選ぶのか等々だ。しかし、こうした意思決定にすら自然と影響を与えてしまう、もっと基礎的な意思決定がある。それは何かと言えば、「どこに住むか」、すなわち自分の居場所をどこにするかということである。

学校の選択について、大学を例に挙げてみよう。地元の国立大学と東京の一流私立大学は、大学の難易度や教育内容においてそれほど大きな違いはないかもしれない。しかし、この二つの違いは全く別のところにある。それは、東京という大都市に接続できるか否かということである。東京には、たくさんの大学があるし、企業の本社も、図書館、博物館、美術館、書店、映画館などの量、またそれに伴う多様性も圧倒的に集中している。また、東京には日本中の各地方、そして諸外国からも多くの人が訪れるから、そうしたネットワークも集中している。そういう意味では、どの大学かよりもどの都市にいるかの方が受ける影響は大きい。

配偶者の選択にも実はどこに住んでいるかで違いが出てくることがわかっている。アメリカの都市における住居の近接度が配偶者選択に影響を大きく与えることが、長期的な社会調査によって判明している。つまり、「どこに住むか」は人生を選択することそのものなのである。

それでは、今、世界の中で、もっともエキサイティングで人的にも情報的にも経済的にも多くのものが集まっているところはどこだろうか。いろいろな考え方があると思うが、私はアメリカ西海岸カリフォルニア州のいわゆるシリコンバレーではないかと考えている。一九八〇年代頃にはアメリカは没落の過程にあった。いわゆる「ジャパン・アズ・ナンバーワン」の頃である。それから、三十年ほどの時間が経って、当時は小さかった、あるいは存在しなかったような企業が世界を席巻《せっけん》する企業に成長している。それは、アップル、グーグル、フェイスブック、シスコ、インテルといった企業群である。また、シリコンバレーに拠点を持つ電気自動車メーカー、テスラは、今後十年間で自動車の歴史を塗り替えていくかもしれない。

それでは、シリコンバレーが大昔から、世界のイノベーションの首都だったかというとそんなことはない。一九七〇年代はボストンと肩を並べているが、一九八〇年代前半に半導体メーカーは日本企業の後塵《こうじん》を拝した。しかし、その後、シリコンバレーは逆転復活し、ボストンはそこからの脱却にはかなりの時間を要した。ハイテク都市としては、シリコンバレーはボストンを遥《はる》かに引き離している。

この二つの都市には、どんな違いがあったのか、ずばりそれを取り上げた本がある。アナリー・サクセニアン著『現代の二都物語　なぜシリコンバレーは復活し、ボストン・ルート128は沈んだか』である。著者のサクセニアンはボストン出身で、修士号はカリフォルニア大学バークレー校、博士号はボストンのMIT。そして、カリフォルニア大学バークレー校スクール・オブ・インフォメーションの学長を務め、両方の都市を行ったり来たりしている。この本の内容は、カリフォルニアを評価し、ボストンを批判するものだから、ボストンの旧友からは嫌な顔をされたらしいが、両方を知っている者ならではの指摘は鋭い。

以下、簡単にこの本の主張を紹介しよう。この二つの都市がハイテク都市として成立する起点は、よく似ている。即ち、大学という教育・研究機関、つまり人的設備的インフラがまずあった。そこに、軍事予算、要は惜しみない大量の公的資金が投入されるのである。こうした孵化器《ふかき》から多くの起業家が飛び出してくる。このあたりまでは、全く同じである。日本でも軍事技術が戦後に民生用に転用されたものが高度な技術を生んだケースはいくつもあり、これは世界共通とすら言える。しかし、この後、シリコンバレーとボストンでは、対照的な発展を示していく。

シリコンバレーのキーワードは「コミュニティ」である。まず、誰が偉くて、誰が下だというヒエラルキーがない。全ての人が共通の目的のために一緒にやっていく文化があった。さらに言えば、そこでの協力関係は会社の枠組みを超えていた。競争相手であっても、必要に応じて情報交換を行い、全体がより良くなることを重視した。また、そもそも特定の会社に属しているという意識すらなかった。というのも、シリコンバレーでは、転職は日常茶飯事であり、家族にすら転職したことを伝えるのを忘れていたなどということもよくある話だった。全てを自社の中で垂直統合せず、必要に応じて合従《がっしょう》連衡《れんこう》をして、変化に素早く対応するというのがシリコンバレーの流儀である。そこには、シリコンバレー全体を地域として良くするという価値観があり、時にはそれはアメリカ的な個人主義と対置され、「日本的」とすら表現されるものであった。

一方、ボストンの「ルート128」は、全く違うモデルであった。ボストンは、伝統に縛られて、ヒエラルキーが強かった。また、大企業中心で、多くの技術を社内に取り込んで、全て、自社内で解決する垂直統合を志向した。この結果、地域全体で、技術、知識、ノウハウ、人的リソースを融合させて協力していく動きは起きなかった。これは、環境が安定していて、同じ事を規模の利益で追求するにはプラスだったが、様々なものを試し、成功を全体に広げ、失敗による学習を共有しなければ生き残れないという厳しい競争環境になったとたん、時代遅れとなってしまった。また、DEC（今はなきかつての著名なコンピューターメーカー）に代表される入念な意思決定システムで育った人材は、自律的な判断を効率よく行うマネージャーにはなれず、従って、優秀な起業家になることも難しかった。

こうして、かつては肩を並べていた「現代の二都」は今となっては似ても似つかないほど差がついてしまったのである。この示唆はとても興味深い。「住むのに良い場所」とは物理的に人や物や情報があるだけではなく、それが有機的に繋がっていて、相乗効果が生まれるかどうかが極めて重要ということである。つまり、箱物や人を無理矢理集めて「場」を作っても、それが小さい固まりで閉じてしまっては「場」としての価値が下がってしまうということである。つまり、「場」の価値は目に見える物体や公式の制度ではなく、目に見えないネットワークによって生まれるということだ。

さらにこの考え方を広げていくと、都市以外の場所、例えば会社にも応用できるだろう。シリコンバレーでは、会社の枠すら超えて人が流動しているにもかかわらず、会社の中で、部門や派閥、出身などの「ミニ会社」が協力を阻害していれば、その会社は衰退していくだろう。ヒエラルキーのない協力関係をアメリカ人が「日本的」と呼んでいるのに当の日本人がその真逆だとしたら、嘆かわしいことだ。

さて、ここでは二つのハイテク都市を比較したわけだが、そもそも、「住む場所」としてハイテク都市、イノベーション都市であることは、重要なのだろうか。あるいは、「上に行く都市」「下に行く都市」でそんなに変わるものだろうか、という疑問も残る。「上に行く都市」で下の方にいるより、「下に行く都市」で上の方にいる方が良いのではないか、つまり住む都市の問題より個人の生き方の問題だという考えもあるだろう。実は、この問いに対して、あくまでも「住むところは重要」と答える刺激的な本がある。それは、なんとも挑発的なタイトルの本、エンリコ・モレッティ著『年収は「住むところ」で決まる』である。

これはタイトルだけ見ると、やや煽りがちな不動産購入本とか占いの本のようにも読めるが、実は真逆の本である。『現代の二都物語』と同じくカリフォルニア大学の研究者によるきちんとした経済分析の本なのだ。

どのような街が発展するか、あるいは衰退するか、街が発展するとどんなことが起こるか、といった問題を扱う学問には、都市経済学とか空間経済学などがある。それらの知見を存分に生かしつつ、個人にとって生活圏がどのような意味を持つのかについての考察もなされた非常に興味深い本だ。

まず、内容を概観しよう。最初に、伝統的製造業で地域を復権することが実際問題としては難しいことが示される。これは、Round 3で取り上げた『フラット化する世界』あるいはアップル型製造業の話で示されたように、組み立て作業など、ハードとしての製造業はより人件費の安い海外に流出していくからだ。

もちろん、これには例外もあって、最近、いろいろな地域で高付加価値の「ものづくり」が様々行われていることも指摘される。それこそ、アップルではハイエンドデスクトップパソコンの「マックプロ」はアメリカ製であることがうたわれているし、日本でも扇風機からテレビまで「日本製」を売りにしているし、葉っぱを集めて収益化した話も流布している。こうしたある種ノスタルジーを感じさせる「いい話」が受けるのはアメリカでも同じようだ。私が思うに、この手の「ものづくり」話が受けるのにはそれなりに理由がある。というのも、中進国が先進国に変わる過程で多くの雇用を創り出すのは製造業の工場であり、多くの読者に受ける話をしようと思えば、「ものづくり日本」ないし「ものづくりアメリカ」なのである。

こうしたトレンドに対しては、極めて冷徹な判断が下される。つまり、これらは極々局所的な例外で、国ないし地域全体に影響を与えるほどの大きなものとはなり得ないということである。ジャーナリスティックに面白いニュース性のある話でも、マクロで見れば小さな話でしかないと手厳しい。さらに、デザインやソフトウェア設計、先端金融といった「ハイテクイノベーション産業」の雇用と「伝統製造業」の雇用では、そこから生まれる波及効果が違うという。前者は高付加価値、高賃金を提供できるから彼らの消費を通じて彼ら向けのビジネスが新たに創造され、その波及効果、相乗効果で雇用はさらに広がる。こうした波及効果を考慮すると「ハイテクイノベーション産業」は「伝統製造業」の五倍の価値がある計算になるという。実際、長い目で見ると「ハイテクイノベーション産業」を進めた都市は発展し、「伝統製造業」にこだわった都市は没落していることが観察できる。かくして、同じ仕事を比較して、うまくいっている都市の方が給与が高いのは当たり前だが、うまくいっている都市の高卒者の平均給与と、失敗している都市の大卒者の平均給与を比較しても、うまくいっている都市に住んでいる高卒者の方が給与が高いというデータが示される。これは都市間で考えるとピンとこないが、国家間で比較すれば明確である。生産性の高いインフラを持っている先進国の給与水準とそうでない発展途上国を比較すれば、学歴にかかわらず先進国の方が高いといえるだろう。

しかも、こうした都市間の格差は一度広がり始めるとなかなか覆ることはない。「ハイテクイノベーション産業」の街はアメリカ中どころか世界中から人材を集めることができる。他の都市にいても、高学歴の人は移住しやすく、低学歴の人は地元志向というのはアメリカも同じである。つまり、アメリカでも地元志向の「マイルドヤンキー」が存在することになる。

さらに言えば、発展していく都市に元々土地を持って住んでいた人は、それだけで得をする。というのも、成功している都市には、高所得を得る人が新たに流入してくるのだが、彼らが住むところを求める結果、賃料が上がり、それを通じて地価も上がることになるからだ。かくして、「勝ち組」の都市はますます「勝ち組」になり、「負け組」の都市はますます負けていくという二極化が進むことになる。

ここまで来て疑問を持たないだろうか。『フラット化する世界』的に考えれば、世界中がネットワークで繋がれていてどこでも情報をやりとりして働けるのだから、同じ都市が勝ち続けるのは難しいのではないかという疑問である。しかし、結論から言うと「ハイテクイノベーション産業」こそ、オンラインではやりとりしにくく、近距離での対面のやりとりが重要になってくる。映画産業がハリウッドに立地した理由にはいろいろな説があるが、D・W・グリフィスという映画監督がここを選び、その結果、チャップリンをはじめ多くの俳優が集まったという分析がある。ハリウッドが発展し、ロケをする場所がなくなった結果、ロケ地は、ニュージーランド、モロッコに移り、そこにエキストラの雇用は移ったかもしれないが、脚本家、映画監督、映画スター、映画関連の投資家、弁護士らはすべて相変わらずハリウッドに残って、濃密なやりとりをするし、映画によって生じる富のほとんどはこちら側に残るであろう。

これは、シリコンバレーでも同じ構図である。つまり、彼らが一斉に引っ越しをしない限り（オックスフォード大学で街の人と対立した教員が一斉に移り住んでできたケンブリッジ大学というケースはある）、強い都市は強い人を集めてより強くなるという構図が崩れることはない。

逆もしかりで、著者はずばり、落ちていく都市の悪循環を「貧困の罠《わな》」と呼ぶ。これはある意味、日本にとっては非常に絶望的な視点である。世界の都市競争の中で生き残って行けそうなのは東京、京都、名古屋、せいぜい、福岡、広島までであろう。そこには、世界レベルの大学と世界レベルの産業がある。いや、ひょっとすると、東京ですら、もはや脱落していくのかもしれない。

脱落する都市の防衛策として、優れた大学を創って人材を自前でつくるというのがあるのだが、産業がないと人は流出していく。クリエイティブな人材を集めても、働く産業がなければ失業者でしかない（ベルリンを失敗例として挙げている）。そこで、日本の地方都市を見てみると、優秀層で地元に残る人は、公務員、インフラ産業、地方金融機関、医師、教師などになりがちだ。これは実は街にとっては良くない。これらの仕事は街を支える脇役であって、街を発展させる主役ではない。ところが街が衰退するほど、こういった仕事の待遇、雇用の安定性が際立つので、ますます優秀な人が集まる。結果、主役がいないのに舞台の大道具や照明ばかりが立派になり、いわば興行収入が見込めないのに制作費ばかり高い映画会社になってしまう。

日本はどうしたらよいのか。一つの方策は、人的資本の集約が進むように誘導するというものである（この本では「移住クーポン」の発行を提案している）。つまり「地元を捨て、成功している都市に移ろう」ということである。もう一つは、主役を無理矢理引っ張ってくる作戦で、企業なり高度な人材なりをなんらかのインセンティブで集める他ない。アメリカの発展は、高技能の移民で成り立っており、彼らの創った付加価値で普通のアメリカ人の雇用も増えているというカラクリである（実際、移民の方が、起業率が高く、特許取得のシェアも高い）。

実は、以上の議論は、都市だけでなく、居場所という面では「会社」でも成り立つ。つまり、人的ネットワークとしての「都市」という議論は、人的ネットワークとしての「会社」でも成り立ち、二極化が進みやすい構図なのだ。

歴代の格闘家に次々と戦いを挑むだけあって、自分の「住むところ」を今一度真剣に考えなおさせる、そんな本である。

Round 5 Book Guide

エドワード・グレイザー『都市は人類最高の発明である』

山形浩生訳／NTT出版／2012

都市のメリットと都市の必然性に関する論考。

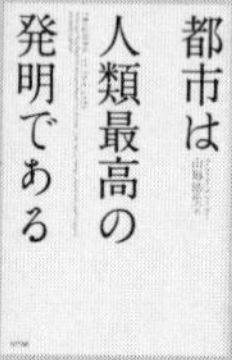

難易度B

山口由美『アマン伝説 創業者エイドリアン・ゼッカとリゾート革命』

文藝春秋／2013

非日常的な生活空間としてのリゾートのスタンダード、アマンについて。

難易度A

守村大『新白河原人 遊んで暮らす究極DIY生活』

講談社／2011

白河の山奥に完全自給自足を目指して移住した漫画家の奮戦記。

難易度A

バズ・オルドリン『ミッション・トゥ・マーズ 火星移住大作戦』

吉田三知世訳／エクスナレッジ／2014

宇宙開発の次の目標とされる火星移住について。

難易度B

西口敏宏『遠距離交際と近所づきあい 成功する組織ネットワーク戦略』

NTT出版／2007

仮想的な「住む場所」と言うべき、人的ネットワークに関する著作。

難易度B

ジュール・ヴェルヌ『八十日間世界一周』

田辺貞之助訳／創元SF文庫／1976

飛行機のない時代の世界旅行記。

難易度A

Round 6

才

デイヴィッド・シェンク
『天才を考察する
「生まれか育ちか」論の嘘と本当』
中島由華訳／早川書房／2012
才能は遺伝と環境の相互作用。
難易度C

×

マーカス・バッキンガム、
ドナルド・O・クリフトン
『さあ、才能《じぶん》に目覚めよう
あなたの5つの強みを見出し、活かす』
田口俊樹訳／日本経済新聞出版社／2001
自分の「強み」を見つけて活かす。
難易度B

能

秋が深まり、冬が近づくと、同じような目的で連絡を取ってくる人が増える。それは、「私はどんな仕事に向いていると思いますか」という相談である。就職活動の開始時期が公式には後ろにずれても、一部の外資系企業やベンチャー企業では、就職活動の最初のピークがくる時期である。内定した学生も内定式を経て、自分は向いているのかと不安になるらしい。また、転職を考える人も冬のボーナスをもらってから、と思うのでこの時期にやはり自分のキャリアについて考えるようだ。一方、ある占い師に聞くと、悩み相談のなかでも適職相談は恋愛・結婚系についで多いそうだ。つまり、それほどまでに、「自分が何に向いているか」、言い換えれば「自分の才能は何か」に悩む人が多いということだろう。

かつてはこうした才能ないし能力を考えるのは容易だった。労働者の能力は一つの尺度で測れた。例えば、今でも影響力を持つ知能指数の検査だが、アメリカでは新兵評価を目的に行われていた。兵士は、命令を効率よくこなす究極のマニュアル労働者だ。受験における偏差値もある種の一元的な評価基準である。一時期流行《はや》った「地頭《じあたま》」なる概念も、こうした一元的能力測定への渇望から生まれたものだろう。

しかし、こうした一元的能力測定は、窮屈で現実的でないし、疎外される人も出てくる。かくして、巷《ちまた》では、それぞれの「個性」を評価する適性検査が必要とされてくる。そのニーズが疑似科学と合体することもある。一番知られているのは〝血液型と性格〟である。いわく、A型なので几帳面《きちょうめん》だから内勤が向いている、O型なので営業向きである、の類《たぐい》である。まともな心理学者で血液型とパーソナリティに関連があると考えている人はほぼ皆無であるが、それでも、一般に流布してしまうのは、それほどまでに、類型化と自己理解、適性についての社会的ニーズが多いからであろう。

実は個人だけではなく、企業側のニーズも大きい。現在の企業組織も、様々な個性、才能を組み合わせて成果を上げたいと模索している。全ての企業が、同じような戦略を一生懸命やりながら、かつ、それぞれの特徴に合わせて、今までと違う新しいことをして、「差別化」していく必要があるのだから、一元的な能力測定では、「差別化」はできない。また、イノベーションを起こすためには、多様な才能を持つ人を組み合わせ、活用することが重要だというのは、ここまでとりあげた諸々の本でも強調されている。

以上を踏まえると、「才能」「適性」に関する何らかの新しい指標が強く求められていることがわかる。それは、時代に合った、多元的な適性評価の指標、しかも、勝ち負けがなく、誰もが認められるような指標、そして、〝血液型と性格〟のような統計的に否定されているものではなく、科学性のある指標である。

その条件を満たした指標を提示する本があれば、それは爆発的に売れるだろう。それが本章で取り上げる『さあ、才能《じぶん》に目覚めよう　あなたの5つの強みを見出し、活《い》かす』である。この本は、先ほどの条件を完全に満たしている。本書の主張では、「強み」の候補は、全部で三十四個もある。これならどれかにはあてはまるだろう。幾つか具体例を挙げると規律性、原点思考、公平性、個別化、コミュニケーション、最上志向、自我といったかなり抽象度の高いものである。そして、どの人も、三十四個の中の五つは「強み」として考えて良いことになっている。つまり、人として「勝ち、負けといった概念はなく、全員が単に違う」という世界観である。なんとも、耳に心地良く、新しい占い本に過ぎないようにも見えるが、そこがまた類書と違う。アメリカの社会調査会社であるギャラップ社が大規模な社会調査の結果として導き出しているのだ。もっとも、本書ではその科学的手法の説明は十分にされていないし、専門家からは三十四も次元がある因子分析の説得力を疑問視されるだろう。それでも、類似のものに比べると遥かに権威性は高い。

しかも、この本のうまいところは、一冊一冊に別個のＩＤ番号が付いており、その番号を使って、一回だけ診断テストを受けられるようになっている。つまり、ＩＤ使用済みの中古本では診断が受けられないのである。どんなベストセラーでも時間が経つと中古本が市場に出回り新本の売上げが下がるのであるが、この仕組みなら中古本を買う人は限られる。かくして、この本はビジネス書としてはかなりのロングセラーで、発売から十四年経っているのに、いまだ日本のアマゾンではベスト１００に入っている。（※二〇一六年時点）

この本の才能観、強みに対する考え方は、ある種、アメリカらしく、極めて前向きである。基本的に元々持っている強みを活かすことに専念して、弱点を克服することをやめろというものである。実際のところ、個人間で極限まで競争が行われれば、差別化と分業がポイントになるので、今持っているカードを最大限使った方がよい。この点では、Mr. Children が歌うところの「平均的をこよなく愛し」ている「僕たちの世代」に対するアンチテーゼとしても優れていると思うし、入試も入学後もどの科目でも平均的に良い成績を取らなければならない東大よりも、自分の得意な科目で勝負しつづけられる京大の方が、自然科学系のノーベル賞受賞者を多く送り出していることからも納得できる。

ただ、一方で、このいかにも自己啓発的なメッセージに対しては、注意深く考えなければならないと思う。というのは、ここでの「強み」は各人の中での相対的な強みでしかなく、そこには「市場の必要性」と「競合優位性」という視点が足りないからである。例えば、「いろいろなものが乱雑にある中から、最終目的に合った最善の道筋を発見する」能力である「戦略性」が強いとしても、その能力が役に立つ仕事（ある種の企画職、研究職はこれに当たると思うが）がそれほどなかったり、その仕事で求められる「戦略性」が極めて高いレベルにあってその人のレベルでは太刀打ちできないとしたら、「自分の強み」であっても、あまり意味はないであろう。

また、ある資質が絶対的に強くなくても、その集団において「相対的に」強ければ、価値があるということになるだろう。実例に即して述べてみよう。理系の数理的な意思決定を専門にしているある学生がいる。そして、彼はこうした分野を専門にしている学生にしては、コミュニケーション能力が高かった（彼の中で相対的には強みでない）。結果、彼は消費者向けのマーケティングに強い企業から内定を得ることができた。しかし、彼は最終的にはその企業ではなく、金融機関の数理分析の部門に就職を決めた。というのも、彼の持つ数理の能力はどちらの企業でも必要とされているが、彼の特徴である高いコミュニケーション能力はマーケティングに強い会社では平均以下であるものの、金融機関の数理分析の部門内で見れば突出しており、彼が顧客のニーズに合った商品開発で活躍できることが明白だったからである。

つまり、強みというのは市場と競合との関係で決まるものであって、自分の中だけでは決まらないということをこの事例は示している。さらに言えば、ある人の強みにぴったり合った職場でもその会社ないし産業が時代に合わなくなっていれば、全く報われることはないだろう。つまり、強みよりも環境が重要ではないかという疑問がどうしても残ってしまう。才能より、環境なのではないか。いや、同じ環境であっても、才能によって結果が違うのではないだろうか。いや、それは才能をどう見いだして、どう使うかの違いだ、等々、疑問はつきない。そこで次は、こうした論争を網羅的に検討した本を取り上げたい。デイヴィッド・シェンク著『天才を考察する「生まれか育ちか」論の嘘《うそ》と本当』である。

『さあ、才能《じぶん》に目覚めよう　あなたの5つの強みを見出し、活かす』では、最後まで「才能」という概念に対して疑問が残った。つまり、人には「才能」なり「強み」より、置かれた環境の方が重要なのではないか。あるいは、「才能」というのは生まれつき存在するものなのか、後天的な環境によるものなのか。『天才を考察する』は、こうした疑問に対する最新の研究をまとめたものなのだ。

まず、内容をざっと紹介しよう。ここでの基本的な主張は、遺伝子か環境かという二元論を明確に否定することにある。かわりに「動的発達論」という遺伝子と環境の相互作用、つまり、従来の静的モデルである遺伝子（G）＋環境（E）ではなく、G×Eという考え方を提示する。例えば、ネズミが迷路を抜ける実験で、通り抜けが得意なネズミの子孫と不得意なネズミの子孫を、発達するのに良い環境、普通の環境、悪い環境の三つに分けて飼育すると、普通の環境では差がつくが、悪い環境では全く差がつかず、良い環境でもあまり差がつかなかったことが示される。つまり、環境の影響がとても大きいということである。単純化すると、遺伝子は才能に影響を与えるがその因果関係は複雑なので、環境によって容易に結論が変わるということのようだ。

また、人は環境が要求する分だけ発達するので、社会の進化の結果、人間自体の知能指数は上がっており、現代人の九十八パーセントは一九〇〇年の平均以上の点数をとっているという現象も環境適応から説明できるとする。逆に言うとそれぞれの環境において望まれる賢さは変わるので、アフリカのある民族で必要とされる知能を持っている人が一般的な知能検査では高得点にならないということも挙げられている。

更に、モーツァルトに代表される「神童」も実は親が開発した訓練メソッドが画期的だったことが大きいとされ、その証拠として、日本人の鈴木鎮一《しんいち》氏が開発した「スズキ・メソード」が再現性のある形で「神童」を生んでいることを挙げる。また、遺伝説の証拠とされる双生児研究（環境が違っても遺伝子が同じだととても似ているから遺伝が重要とする）も実は、かなり長期間一緒に育った時期があったり、誇張されていることが丁寧に説明される。他にも、「才能に恵まれている人」が子供の頃には平凡だったり、逆に神童が平凡になるという研究がたくさん紹介される。ただ、「才能に恵まれている人」は子供の頃にめざましい成果を出していなくとも、才能を伸ばす環境は整備されていて、かつ「上達への強い欲求」があった結果、才能を開花させたことが、マイケル・ジョーダンやヨーヨー・マを例に挙げて示される。

以上の研究を受けて、具体的にどうしたらよいかについて幾つかのアドバイスが行われる。ただ、これは、どんな分野でも努力だけで解決するというものではなく、「一万時間やればなんでもできる」的なことは明確に否定される（そもそも、そんな研究は存在しない）。そこで述べられるのは、高い目標を達成するための、動機を見つけて、自分を厳しく律することの重要性である。子育て、組織という視点からも分析がされるが、そこでも高い目標設定、動機付け（話しかけ、励まし、期待、失敗を受け入れる、成長志向など）、自制、競争の活用が挙げられる。というのも、遺伝子の限界よりも、才能を最大化するまで伸ばしていないことが圧倒的だからということであろう。以上の主張は、それほど新しいものではないし、実際、他の研究からの引用も多い。

では、なぜこの本を選んだかということを説明したい。書店やアマゾンで検索システムを使って、才能や天才、遺伝子、脳科学などのテーマでリストアップしてみると様々な本が網羅されて出てくる。かなり専門的な学術書から、関連するテーマの論文を殆ど書いていない偽学者の「ショートエッセイ」集まで多種多様なレベルの本が存在し、また、その主張も「遺伝で全て決まっている」というものから「努力でどんな才能でも開ける」という真逆のものまで取りそろえられている。本のテーマもマクロの教育政策から、個人の生き方まで広範にわたる。

それぞれの主張から、順列組み合わせでいろいろな本が書かれ出版される。「学術的な色彩をもった」「ポピュラーサイエンス」「遺伝決定論」「教育政策」とか、「疑似科学者」「ショートエッセイ」「努力論」「自叙伝」等々。そして、より極端な主張の本が売れたりする。例えば、遺伝決定論に基づいて、アメリカの大学進学率が高すぎると批判したハーンスタインらの"The Bell Curve"（未邦訳）がかなり話題になったし、才能もセンスもなかったけど努力で頑張ったスポーツ選手の話とか、同工異曲で作られた本が何度もベストセラーになる。

これに対して『天才を考察する』は、主張の内容においても異彩を放っている。まず、その基本主張において、「才能か環境か」あるいは「才能があった上での環境か」という問題の立て方自体を否定する。「才能と環境は相互作用であり、どちらも固定的ではない」という、バランスがとれていてかつ包括的な視点を提示しようとしている。

　しかしこの本を選んだ真の理由はその主張ではない。この本自体の構成が面白いのだ。四百ページを超える分厚さから、手に取るのを躊躇《ちゅうちょ》するかもしれないが、これには訳がある。本書は大きく、「主張」編と「根拠」編に分かれていて、ほぼ半分が「根拠」編なのである。「主張」編は、普通の読み物風に著者の主張が載っており、関連した研究もアッサリと紹介されているに過ぎない。ところが、「主張」編に関連付けられている「根拠」編を読むと、その主張の裏付けとなる論文や実験がどのようなものだったのかが詳しく検証できるようになっている。

　これは、この分野の書籍にありがちな、学術的すぎる本と怪しい「疑似科学」本の二項対立を乗り越える作り方として非常に面白い。著者の主張がどれくらいサポートされうるのか、読者が自分で確認できるように作られているのだ。私は本書のタイトル通り、読書は「格闘技」であって、著者の主張が本当かどうか疑いながら読むことを重視しているわけだが、この本はまさに著者が「かかってこい」とばかりに材料を提供しているわけである。

　実際、世の中に流布している〝ビジネスに役立つ科学法則〟なるものには怪しいものが結構ある。例えば、プレゼンテーション、コミュニケーション関連の本にはほぼ必ず出てくる「メラビアンの法則」。これは、「人はコミュニケーションの殆どを非言語的なもので理解している」という法則らしく、ここから「内容以外のプレゼンが大事！」という結論が導かれている。ところが、実際にメラビアンがやった実験を確認してみると、「好意」「中立」「嫌悪」の三カテゴリーについて単語と声の調子と映像の三つをそれぞれランダムに割り当てたものをたくさん見せて、どの印象が強かったかを測定したものであった。この方法では、単語だけの漠然としたイメージだけで決めるので、言語内容には関心の向きようがない。そうなると、言語以外の情報に左右されるのは当然であって、ここから、即プレゼンの話にもっていくのはどう見ても無理がある。ところが、実験の文脈を知らずに「法則」とか言ってしまうと、とたんにそれが一人歩きしてしまう。こうした本は、著者がとても弱いので「格闘」から逃げているものであり、言ってみれば読むに値しないのだ。

この本は、一個一個の事例や研究を深く読み進めることで、自分なりに新しい解釈を得たり、思考を深めることができる、まさに格闘向けの一冊なのである。是非、一戦交えていただきたい。

Round 6 Book Guide

湯川秀樹
『天才の世界』

市川亀久彌(聞き役)/
光文社知恵の森文庫/
2008

湯川秀樹という天才による天才ケーススタディ。

難易度A

アシュリー・バンス
『イーロン・マスク 未来を創る男』

斎藤栄一郎訳/講談社/2015

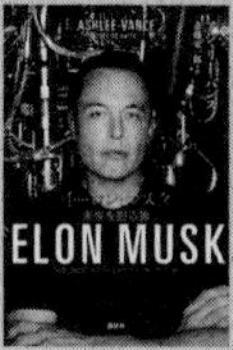

ペイパル、テスラ、スペースXという革新的なベンチャー企業をつくった天才の物語。

難易度A

レナータ・モルホ
『ジョルジオ・アルマーニ 帝王の美学』

目時能理子、関口英子訳/
日本経済新聞出版社/
2007

ファッション業界のルールを書き換えた天才の物語。

難易度A

榎本隆充、高成田享 編
『近代日本の万能人・榎本武揚 1836-1908』

藤原書店/2008

最後まで抵抗した幕臣にして、明治維新最高のテクノクラート榎本武揚の研究。

難易度B

ジェームズ・J・ヘックマン
『幼児教育の経済学』

古草秀子訳/
東洋経済新報社/2015

就学前教育の効果が非常に高いことを実証的に説明した古典。

難易度B

ジョフ・コルヴァン
『究極の鍛錬』

米田隆訳/
サンマーク出版/2010

天才、達人達がどのようなトレーニングをしているかのケーススタディ。

難易度B

Round 7

大勢の考えを変える（マーケティング）

アル・ライズ、ジャック・トラウト
『ポジショニング戦略』
川上純子訳／海と月社／新版／2008
消費者の心に位置づける。
難易度B

ジェフリー・ムーア
『キャズム
ハイテクをブレイクさせる
「超」マーケティング理論』
川又政治訳／翔泳社／2002
ユーザーとのキャズム（深い溝）を越える。
難易度B

現代は、「新しいもの」の時代である。毎週のように新商品、新サービスが発売され、「新刊」が出版され、「新曲」が発表され、「新ユニット」がデビューし、「新しい」考えが提示される。「新しい」の流れは、政治にも波及し、国政選挙でも、「新党」を冠した政党からの立候補がよくある。そして、こうした時代の流れを知る方法も「ニュース」つまり「新しいこと」という名前のメディアだし、「新聞」にも「新しい」が入っている。

しかし、こういう「新しい」ことの殆どは、「新しい」ゆえの話題性で終わってしまい、しばらくすると世の中から、消えてしまう。そしてまた、新たな「新しい」が人々の関心をひくべく発表されるという、「新しくない」サイクルがいつまでもくり返されている。

それでは、このような「新しい」もののなかで、世の中に広がるものと、そのまま消えてしまうものの間には、どんな違いがあるのだろうか。それは、単なる偶然なのだろうか。

本章で取り上げる、ジェフリー・ムーア著『キャズム』は、ハイテク技術・サービス・製品のマーケティング分析を通じて、この問いに対するヒントを与えてくれる本である。ハイテク商品の世界では、多くの「新しい」ものが発表され、そして殆どのものが消えていく。だが、この世界はまれに世の中を変えるほどの大きな流れを創り出す領域でもある。マニア向けのオモチャのようなネットワーク型携帯音楽端末がいくつもの進化を遂げて、iPhoneを皮切りにスマートフォンという新しい領域を切り開いたのである。

『キャズム』の主張を簡単にまとめてみよう。この本では、伝統的なマーケティングの理論に従って新しい技術が採用される過程をいくつかの段階に分け、ユーザーの種類を何種類にも分類する。

最初のユーザーは、「イノベーター」「テッキー」と呼ばれる技術マニアである。彼らの製品採用の理由は、「新しい」ことそれ自体である。新しくて、面白そうであれば、とりあえず買ってみる。製品として未完成、未成熟であっても構わず、自分で工夫して使う。そして、次の新製品が出ればそちらに関心が移ってしまう。一種、とてもミーハーな人達だ。こうしたユーザーはせいぜい数パーセントしかいない。ただ、彼らは製品が未完成でも受け入れ、様々な意見を寄せてくれる。「新しい」ものはすさまじい熱気を帯びてくる。どんな新製品でも、最初に導入したときはそれなりに話題を呼ぶが、その殆どは、あっという間に消えていく。その正体は、この「新製品好き」がイナゴのように殺到した後、何も残さず去って行くからである。

その製品が「新しい」以外の価値を持っているときには、もう少し現実的なユーザーが集まってくる。彼らは「アーリー・アドプター」あるいは「ビジョナリー」と呼ばれる。彼らは、自分の個別課題を解決するのに役立つような製品を買うために、常に自分から積極的に情報を集めている。また、自分の課題を解決するために、テーラーメイド、個別対応をしてもらうことを好む。そして、そのための費用を払うことを惜しまない。十五パーセント弱ぐらいの比率である。彼らは良きパトロンで、自分の問題や関心が中心なので振り回されることもあるが、この間に製品を改善する機会も与えられる。

その次の段階が、「アーリー・マジョリティー」「実利主義者」と呼ばれる人達である。彼らは、慎重かつ現実的な買い手であり、すでに役立つことが証明されているものを買いたがり、また、自分で調べたり考えたりという面倒なことはしたくない。「これさえあれば！」のまとめパックを好む。だいたい、三分の一ぐらいはこのタイプである。ここまで来れば、一山越える。いずれ、「今、流行っているから買う」という「レイト・マジョリティー」まで流行は広がり、息の長いヒット商品になるだろう。この辺までは、ムーアの先行者であるスタンフォード大学の社会学者、エベレット・M・ロジャーズ教授の一九六〇年代以来の理論の焼き直しとも言える。

「キャズム理論」の面白いところは、ここからである。殆どの「新製品」がつまずくポイントは、良きパトロンである「ビジョナリー」と慎重かつ現実的な「アーリー・マジョリティー」の間にある大きな「キャズム」（深い溝）にあるという。

「アーリー・マジョリティー」は別名「ブリッジ」（橋）と呼ばれるように、ここまで来てしまえば普及に至る道はできている。しかし、「パトロン」と「慎重な現実主義者」では喜ぶポイントが全く異なるので、ここで殆どの新製品開発者は失敗するのである。「パトロン」は、「あれもやりたい、これもやりたい、そのためには金を出す」という考え方だが、「慎重な現実主義者」は「結局、何ができるのか」「これをセットで買えば良いのか」「実際に他にうまくいった例があるのか」と具体的な投資対効果を求める。

喩えるなら、パトロン相手にテーラーメイドをやっていた服のデザイナーが、突然、プレタポルテ（既製服）を求められるようなものである。そこで職人で終わるか、世界のアパレルメーカーに飛躍するかが決まる。多くのデザイナーは職人として優れているが故に、既製品ビジネスに移行できないということもあるだろう。

では、どうしたら良いのか。ムーアは「キャズム」を越えるためには、薄く広く何でもではなく、明確なエリアの絞り込みを推奨する。どのような問題に困っているどんな人向けのサービスで、今あるどのサービスとも違う何が提供できるのか、これを明確にしろとアドバイスする。

例えば、シリコングラフィックスというコンピューターメーカーは、何でもできる高性能コンピューターとしてではなく、映画フィルムの編集作業において手作業の煩雑さに困っていたハリウッドのクリエイターにターゲットを絞ることによって、「キャズム」を越えることができた。アメリカのパソコンは税務申告用として、アップルはDTP用として、そして日本のパソコンはワープロとゲームに市場を絞り、既存の専用機に対する優位性でもって市場を獲得していった。

『キャズム』はハイテク商品のマーケティングの本だが、概念を広くとれば、他の様々な分野、例えば、政治の世界などにも十分、示唆を与えることができるものだと考えている。「先進的なパトロン」ではなく、より普遍性のある支持者を広げるには、より具体的なターゲットの、より具体的な課題を解決する政党に脱皮する必要がある、といった示唆である。

一方、キャズム理論にも弱点はある。ネットが普及して情報がはやく浸透する結果、少数のユーザーを相手にして改善中の製品の洗練されていない商品情報だけが、キャズムを勝手に越えてしまい、「アーリー・マジョリティー」の酷評に晒され、二度と日の目を見ないといったケースである。市場を分けて、コミュニケートするという戦略がインターネットの普及で以前より難しくなった訳である。

とはいえ、この枠組みはとても汎用性が高く、日本でイノベーションが起きにくいのは、商品を洗練するプロセスに不可欠なリスクをおかして新しいアイディアを本気で試してみる、パトロン型「ビジョナリー」が少ないことも大きいと考えている。

キャズム理論のもう一つの限界は、世の中の人々の行動の圧倒的多数はもっと保守的だし、それほど画期的なものも出てこないし、より漠然としたイメージで動いているのではないか、という疑問である。

そこで、これとまったく反対の立場に立つ、人の心の保守性に注目したマーケティングに関する本を紹介しなければならない。それが、アル・ライズ&ジャック・トラウト著『ポジショニング戦略』である。

『キャズム』では、次々と出てくる新しい商品、サービスをどのように市場に売り込んでいくか、そのために、市場を全体としてみないで、マニアから一般人まで順番に伝え方を変えていくことの重要性が示されていた。そこからもわかるように、人々に新しいことを広めるのはとても難しいことである。『ポジショニング戦略』の著者は、人の心は保守的であるから、その心を変えようとする試みには限界があることを強調する。むしろ、今、人々が持っているイメージをそのまま利用し、その中に売りたい商品をはめ込む、そのように「位置づける《ポジショニング》」ことが大事だと考える。そして、その位置づけを無理に動かそうとすることが失敗の元なのだと述べる。

こちらの主張を簡単にまとめてみよう。まず著者は、消費者の心を変えるのは非常に困難であることを強調する。理由はいくつもあるのだが、そのなかで最も重要なのは、人々はあまりにも多くの情報に接している結果、一つの情報を注意深く検討する時間をあまり有していないということである。可処分時間はどんどん少なくなり、その一方で、メディアも情報もさらに増えていく。そうなってくると、誰かの考えを変えるために時間をかけて説得することは困難になっていく。そもそも個々の商品自体、すぐに理解できるほどの大きな違いがあるわけでもない。そのような状況で、今までにない新しいものを消費者に理解させて、購入させるのは極めて困難だ。

そこで、著者は発想の転換を促す。消費者の持っているイメージを変えるのではなく、今すでに心の中にあるイメージと繋げる努力をする。そして、一度、消費者の心の中での場所取りに成功したら、それをあまり動かさず、維持することに専心すべきだというのである。その証拠に人々は短いキャッチコピーをいつまでも覚えているし、ナンバーワンしか覚えていない。初めて大西洋の単独無着陸横断飛行をしたのはリンドバーグだと誰もが知っているが、その次は誰なのかを殆どの人は知らない。日本で一番高い山は富士山だが、二番目は知られていない。だから代名詞と見なされるほどのナンバーワンブランドになることが最も重要である。

そして、一番になれないのなら新しいカテゴリーでナンバーワンになるしかない。コンピューターで二位のメーカーが一位のIBMを倒すのは困難だが、個人向けコンピューターという新しい領域でトップを目指すことは可能だ。自動車メーカーでいえば、ボルボは「安全性」というポジショニングの中でトップブランドになった。さらにいえば、「うちは二位」というカテゴリーも可能ではある。アメリカのレンタカー会社エイビスは「うちは二位だから頑張ります」というポジショニングで業績を伸ばした。

そして、一度そのポジションをきめたら変えてはいけないし、広げたりしてもいけない。今までと違うことを言っても、消費者の心は混乱するだけである。今述べたエイビスも「一位を目指します」キャンペーンを始めた結果、逆に失速した。

新しいことを始めるときは、別の製品を作って、別のブランドをたてなければならない。安さや親しみやすさを売りにしていたブランドが高級品を出しても消費者は混乱するだけだし、女性向けのイメージが強いブランドが男性向け商品を出すときには、新しいブランドを作らなければ、男性は買いにくいだろう。これだけ聞けば当たり前に思えるのだが、現実には、これを貫くのはなかなか辛抱強い人にしかできない。同じコンセプトのCMを打ち続けるのは、広告を打つ企業側には退屈かもしれない。どうしても新しいことにチャレンジしたくなってしまう。ただ、そうした新しいチャレンジは往々にして発信者側の自己満足に終わることが多い。

いくつかのブランドが発信したテレビCMで消費者が覚えているものは何であったかを調べてみると、遥か昔に流れたシンプルでややワンパターンな広告であることが多く、最近打った「クリエイティブ」なキャンペーンは誰の記憶にも残っていないということもよくある。さらにいえば、消費者にインタビューをすると、とっくに放映が終わったテレビCMを最近観たと答えることも珍しくない。売る側はなんでも変えたがるし、変えると消費者のイメージも変わると考えがちだが、広告なんて気にしていない消費者が圧倒的であり、従って定番のコミュニケーションの方が心に残るのである。

実は、著者の一人であるライズ自身がこの理論を忠実に実行し、かつ、証明している。私はある国際学会でライズの講演を聴く機会があったのだが、『ポジショニング戦略』の基になっている論文は実に四十年以上前に発表されているもので、その講演でもライズはほぼ「ポジショニング戦略」の話だけをしていた。そうであるが故に、逆に他の講演者よりも圧倒的に印象に残ったのである。また、彼が出した幾多の本の中で、「ポジショニング」の本が抜きんでて売れている。つまり、「ポジショニング戦略のアル・ライズ」というポジションを築いたわけだ。

しかし、ライズもすでに高齢だし、インターネット以降の新しいマーケティング手法に乗り遅れてしまうのではないかと心配になるのだが、そこは、彼の理論通り別の「商品」を出して棲《す》み分けている。即ち、娘のローラ・ライズである。ローラは父親とは完全に別のキャラクターであり、より華やかに、新しい技術、マーケティングについて語るという文脈で登場している。こうすることで、父アル・ライズのポジションを揺るぎないものとしつつ、新しい領域、イメージをも開拓しているのである。

『ポジショニング戦略』の最大の魅力と欠点はその単純さである。本を数冊読んでも、ライズの講演を聴いても同じことを手を替え品を替え、言っているだけである。すでにキャズム理論を知っている我々からすれば、著者の主張は商品がある程度流行して、大量販売する段階まで達したときにのみ通じる理論ではないかという疑問を持つだろう。企業からの一方的な発信ではなく消費者からのフィードバックもあるインターネット時代にどこまで通用するのか、疑問もあるだろう。

しかし、そういう時代だからこそ逆に、「時代を超えて生き残る商品、ブランドを作るのであれば、消費者にわかりやすいシンプルで本質的な概念を選んで忍耐強くコミュニケーションしていくしかない」という著者の考えは、新鮮にすら感じられるのではないか。過去の広告、主張との整合性がインターネットで簡単に検証できる時代だからこそ、シンプルな一貫性が武器になるのである。環境の変化があまりに激しくて対応できないからこそ、むしろシンプルなメッセージを一貫して伝えているブランドこそが、人々の心のよりどころになるのではないだろうか。

そして、このブランド論は商品、サービスだけに限らない。個人や国も一つのブランドとして考えることができるから、変化の激しい時代にこそ、シンプルで一貫した個人の生き方、国の姿勢が支持を集めるようにも思えるのだ。

そして、様々なマーケティングのコンセプトを提示した著作物が毎日のように出されているにもかかわらず、未《いま》だに影響力を持ち続けているライズの人生そのものが、著者の理論の正しさの証明になっていると思うのである。

Round 7 Book Guide

レスター・ワンダーマン『「売る広告」への挑戦 ダイレクトマーケティングの父・ワンダーマン自伝』

松島恵之訳・監修／電通／1998

今のインターネット広告にも影響を与えたワンダーマンの自伝。

難易度A

ジェラルド・ザルトマン『心脳マーケティング 顧客の無意識を解き明かす』

藤川佳則、阿久津聡訳／ダイヤモンド社／2005

無意識や潜在意識に焦点を当てたマーケティング研究。

難易度B

サリー・サテル、スコット・O・リリエンフェルド『その〈脳科学〉にご用心 脳画像で心はわかるのか』

柴田裕之訳／紀伊國屋書店／2015

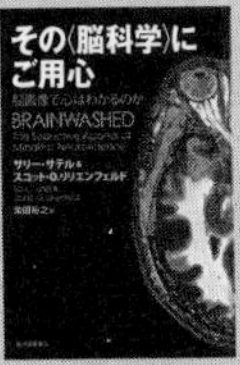

一般受けしそうな「脳科学」の主張の怪しさを検証した本。

難易度B

アルバート＝ラズロ・バラバシ『新ネットワーク思考 世界のしくみを読み解く』

青木薫訳／NHK出版／2002

ネットワーク理論の啓蒙書の古典。マーケティングに限らず影響は大きい。

難易度B

パコ・アンダーヒル『なぜこの店で買ってしまうのか ショッピングの科学』

鈴木主税、福井昌子訳／ハヤカワ文庫NF／2014

実店舗での顧客の購買行動をビデオ撮影などで解析した理論と実践の書。

難易度A

「ハーバード・ビジネス・レビュー 行動観察×ビッグデータ」2014年8月号

ダイヤモンド社／2014

顧客理解に関する、全く真逆のアプローチを「格闘」させた論考。

難易度B

Round 8

未

ベーコン
『ニュー・アトランティス』
川西進訳／岩波文庫／2003
ルネサンスが夢見たユートピア。
難易度C

ジョージ・オーウェル
『一九八四年』
高橋和久訳／ハヤカワepi文庫／新訳版／2009
一九四八年に予言されたディストピア。
難易度A

来

最近、長期の科学技術や未来の社会についての予測という仕事をよくする。これは、もちろん私の本業である投資業の必要性からも普段からリサーチしたり、考えていることではあるのだが、それとは別に、未来予測について意見を求められることが増えている。

未来予測を必要としている組織は多い。政府の科学技術政策の方向性を考えるために、科学者や専門家の意見を集約する仕事もある。市場の成熟化、商品のコモディティ化が避けられない大企業が次のビジネスのネタを探すために、長期の未来予測を行う場合もある。

こうした未来予測には様々な方法がある。例えば、現在の科学技術の研究テーマを大量に集めて、その方向性を分析し、そこから未来を想像するという方法である。論文や特許はデータベース化されているから、こういう分析はある程度資本を投入すれば一定の結論が出てくる。

しかしながら、現代社会では、科学技術の専門化がどんどん進み、隣の分野で何をしているか、誰もわからなくなってしまった。深く狭い知識を積み上げても、何か意味のある示唆が生まれるとは限らない。科学技術が進歩して、多様な事象を細かく分析することで局所を理解できても、それを統合して方向性を出すには、全く違うタイプの思考様式、知性が必要になってくる。まして、現在の単純な延長線上にない非連続な変化を予測しようとするのであれば、現状をどんなに分析しても、正しい方向性は見えてこない。

アメリカ合衆国の計算機科学者でパーソナルコンピューティング（ＰＣ）のコンセプトを考えたとも言われる、アラン・ケイのよく知られている名言、「未来を予測する最善の方法は、それを発明することだ」からすると、未来は予測するものではなく、構想して、自ら創り出していくものだということになる。つまり、二十年後、五十年後を構想し、そこから逆算して、近い未来を予測するということでもある。そこで必要になるのは、想像力であったり、社会に対する鋭い感性、批判的考察だったりする。そう考えると、未来予測を行うために参照すべき書籍の幅をもっと広げて考えた方が良いということに気がつく。

そこで、これまで取り上げてこなかったジャンルの本が対象になってくる。すなわち、フィクション、小説である。未来社会を扱ったフィクションは、未来社会をどうとらえるかで大きく二つの方向性に分かれる。未来社会を、あらゆる社会問題が解決された、少なくともそういう方向にあることが示唆される「ユートピア小説」と、人類はとても不幸な状況に陥っているという「ディストピア小説」である。ディストピア小説では、科学技術や社会の進歩は最終的に人類を抑圧し、不幸にする形で進んでいき、その最終形として未来が記述される。

そうしたディストピア小説として、最も著名であり、現在の視点から見ても、示唆的なものとして、ジョージ・オーウェルの『一九八四年』を取り上げたい。『一九八四年』は、そのタイトルの通り、一九四八年から見た一九八四年という未来について書かれている（『一九八四年』というタイトルは一九四八の四八を入れ替えてつけたようだ）。一九五〇年代に核戦争が勃発したこの世界は現在、オセアニア、ユーラシア、イースタシアの三つの大国に分割統治されている。

主人公のウィンストン・スミス（「山田太郎」的名前だ）はオセアニア国ロンドンの「真理省」という政府機関で働いている。この「真理省」の仕事は、いわゆる真理を追究するものではなく、過去の歴史を政府の都合の良いように改ざんするという何とも皮肉なものだ。オセアニア国では、完全な管理国家が完成しており、日常生活は「テレスクリーン」という双方向テレビで監視され、思想、言語、食料から結婚に至るまで全てが国家によって管理されている。三ヶ国の間では常に小競り合い的な戦争が続いているので、この戦争に打ち勝つために、こうした国家統制は正当化されている。そもそも、三ヶ国の争いのなかで、オセアニア国はミサイル攻撃を受けているが、何とか生き残っているという「事実」すらテレスクリーン経由の情報であるから、どこまで本当なのかは究極的にはわからない。

さらに、情報統制は現在にとどまらない。真理省は過去の歴史を完全に書き換えているので、政府の政策に国民の不満が噴出することもない。例えば、食料品の配給が実際には減っているにもかかわらず、過去の配給量に関する記録を全て書き換えることによって、配給量は増えていることになり、国民は政府にいつも感謝している。

こうした中、スミスは政府が厳しく禁止しているノート、すなわち私的記録と私的思考を始めることで、政府の政策の矛盾に気がついていく。さらには、自分が仕事として行っている「過去の書き換え」に疑いを抱き、政府への小さな反抗を決意する。

世界的に著名な小説だが、まだ読んでいない読者も多くいると思うので、この後の展開は、ご自身で確認していただきたい。

元々、オーウェルは『動物農場』でスターリニズムを批判していることからわかるように、冷戦期のソ連の全体主義体制を想定して、『一九八四年』を書いていると思われる。しかし、実際には、その範囲を超えて、より普遍的な未来の予言として、繰り返し参照されている。

その最も有名なモチーフは、アップルが一九八四年に、Macintoshを発売したときのCMにも使われている。人々を支配する青い大型コンピューター（Big Blue、すなわちIBMを示唆している）に女性アスリートが立ち向かうCMの最後に「あなたは一九八四年が小説『一九八四年』のようにはならない理由を知るでしょう」と結んで、大型コンピューターに支配される人間という社会像ではなく、「個人が記録し、個人が考えるツール」（これはまさにスミスにとってのノートである）としてのパーソナルコンピューターというビジョンを打ち出した。

近年では、二〇一三年にアメリカのNSA（米国家安全保障局）がPRISMという大規模インターネット監視システムを運営していることが明るみに出たとき、『一九八四年』が世界的に大ベストセラーになり、監視社会の問題を考える参考となった。すでにインターネットやその上で展開されている広告ビジネス、検索サービス、新しいところでは、遺伝子ビジネスなどについて考える際にも『一九八四年』は繰り返し参照されている。

また、他の多くの「ディストピア小説」においても、『一九八四年』は参照されてきた。書籍の所持が禁止された世界を描く『華氏451度』はその変形であるし、世界的ヒット映画『マトリックス』シリーズに出てくる「101」という数字は、『一九八四年』の「101号室」というモチーフの影響が見て取れる。また村上春樹の『1Q84』というタイトルは、『一九八四年』へのオマージュである。

それでは、こうしたディストピア小説とどのように格闘したら良いのだろうか。フィクションはあくまでフィクションで実際の出来事ではない。ただ、フィクションとして設計し、現実と直接関係ないモチーフに変えることで、逆にいろいろな読み方、解釈が可能になり、著者さえ想定しなかった様々な意味合いを、読者が「想像」し「創造」できるのである。

フィクションは、フィクションであるが故に、現実の制約を超えて、思考を広げるちょうど良い触媒になるのである。実際にはそうならなかった『一九八四年』を読んだ後、現実の世界を振り返るとそこには、姿を変えた「ビッグ・ブラザー」(『一九八四年』に出てくる仮想的な人格としての独裁者)を見いだすことができるはずだ。「ビッグ・ブラザーがあなたを見ている」は決してフィクションではない。

ここまで各ジャンルの本を取り上げてきたが、その中でもフランシス・ベーコンが一六二七年に出版した『ニュー・アトランティス』は最も変わった書だろう。そもそも未完成であり、読んだことのある読者は少ないと思う。それでも、この本を取り上げたいのは、空想上の理想国家を語るユートピア小説の中で、現代に少なからぬ影響力を持っている奇書だからだ。

まずは、概略を紹介しよう。主人公は、中国、日本を目指して船出するが、風向きが悪く、海路を外れてしまう。そして、未知の島にたどり着く。その島は「ベンサレム」という国であった。キリスト教国だが、既存のヨーロッパ世界とは異なる文明であり、知識、道徳、技術とも、ヨーロッパ世界を超えている。この国は世界中に派遣員を送り込んで情報収集し、世界の全てを把握しているが、この国の存在は秘密になっている。一行はいくつかのやりとりの末、入国を許可される。前半では、この国がキリスト教国で、経済的、文化的に優れていることが強調される（あくまでも、当時の視点からで、今日的には賛成しかねる点もある）。

そして、後半に差し掛かるところで、この国の繁栄の基になっている「サロモンの家」の長老との会見となる。サロモンの家は、万物を研究して、知識を蓄え、人間の君臨する領域を広げ、可能なことを全て実現させることを目的とした組織とされる。その活動内容は、寿命を延ばすこと、土地改良、海水淡水化、風力や水力といった自然の力を人間が使えるエネルギーに変換すること、天候コントロール、動植物の発生・改良、人体改造、食料開発、人工の宝石、遠距離通信、飛行機、未来予測といった研究であり、少なからぬものは、実用化されていると長老は述べる。

『ニュー・アトランティス』はベーコンの晩年一六二〇年代（日本では徳川三代将軍家光の頃）に書かれたものだとされるが、内容的にはほぼＳＦ（空想科学小説）とでもいうべき、未来小説である。そして、こうした技術を実現する組織である「サロモンの家」の組織論には、実験観察から法則を発見し、一般化させる近代科学者の片鱗《へんりん》が見られるし、現代から見ても、興味深いテーマ、科学の究極の姿が提示されている。

フランシス・ベーコンというと、一番有名な格言は、「知は力なり」であり、また、観察から一般理論を見いだす方法論である、経験主義、帰納法の元祖としても知られている。また、科学者、哲学者、政治家、大法官でもあった。知の細分化が始まっておらず一人の人が全てに精通していたルネッサンス的知識人であり、古い時代の人物だ。

ところが、最晩年に理想としていた世界はある意味とても現代的である。実際、現代にもベーコンは絶大な影響を与えている。ベーコンが「想像」した科学者集団はその後イギリスの「王立協会」として結実している。そこからはニュートンやトーマス・ベイズといった現在の社会インフラ、情報工学の基礎となる理論を発見する人物が輩出されており、現在も王立協会は、イギリスの科学、政治に大きな影響力を持っている。

また、意外なところでは、ハイテクベンチャー界にも多大な影響を与えている。例えば、世界最大のオンライン決済ネットワーク「ペイパル」を創業し、フェイスブックへの最初の大型外部投資家としても有名な、シリコンバレーで最も影響力を持つ人物、ピーター・ティールもその著書『ゼロ・トゥ・ワン』の中でベーコンを引用している。ティールは、人間の冷凍保存や不死化といった最先端の科学技術に積極的に投資し、また、栄養学へも興味を示している。さらに言えば、公海上に人工の島を建設し、どこの国家とも関係を持たない自由な国の創設を目指している。こうした活動はその構想の片鱗を『ニュー・アトランティス』の中に見いだすことができる。見方によっては、『ニュー・アトランティス』は、近代科学の祖が、科学技術の究極の姿、研究テーマをユートピア小説という形を使って提示した「予言書」ということになるだろう。

それでは、科学の究極の姿というのはどのようなものであろうか。それは突き詰めていけば、神が行ったとされることを人間ができるようになるということなのではないかと私は考えている。

映画『インターステラー』はある意味、究極の科学について考えさせられる作品で、地球滅亡の危機を科学の進歩、究極の方程式の解明、法則の発見によって乗り越えようとするものだ。そこでも、天地創造、新人類の創造、時間の超越というテーマが取り上げられている。宇宙物理学者のホーキングが一千万部を超えるベストセラーを出すことができたのは、彼がＡＬＳ（筋萎縮性側索硬化症）と闘いながら高い業績を出したのもさることながら、宇宙の始まりを理論化することを通じて、神の不在を証明しようとしたからではないかと、私は考えている。ホーキングの「人間の脳はコンピューターのようなもので、壊れたコンピューターには、天国も死後の世界もない。それらは闇を恐れる人間のための架空のおとぎ話だ」という発言もその文脈で理解可能だ。結局のところ、科学技術を突き詰めていけば、神への挑戦に近づいていかざるを得ないのだ。

ここまでくると、『ニュー・アトランティス』がなぜユートピア小説として書かれたのか、なぜ未完のまま死後公刊されたのか、なぜ前半で過剰なほど「ベンサレム」がキリスト教国であることが強調され、聖書の引用が目立つのかについて、一つの仮説が立てられる。ベーコンは、自らが描く科学技術の構想が、究極的には神や教会への挑戦、すなわち異端となるリスクに気がついていたのではないかという仮説である。そこまでいかなくても、ベーコン自身はキリスト教者であるので、無意識の葛藤によって本書は完成まで至らなかったのかもしれない。

一つの傍証を挙げると、聖書ないし教会の権威に挑戦し、世界に大きな影響を与えた書物として、コペルニクスの『天球の回転について』が挙げられる。コペルニクス自身は、教会幹部、医師、法学者、知事という十六世紀知識人らしい存在であり、教会の主張と反する書物の出版を長らく渋っていて、死の直前の刊行という形になったこととの類似性を感じるのだ。そもそも、ユートピアという言葉を生み出した、十六世紀のトマス・モア『ユートピア』は今日的に見れば、共産主義思想の萌芽《ほうが》であり、その社会的反発を避けるためにフィクションの形をとったと考えられている。

ベーコン自身、近代科学の祖でありながら、一方で、神学の世界にもいた。ベーコンは常に哲学が神学を超えないように思考に枠をはめてきたように思うし、神学への言い訳も見られる。ベーコンは、思想史上でもやや時代を下ったデカルトなどに比べて評価が低い。その理由はいくつかあると思うが、一つにはベーコンが現実政治、社会に関わりすぎていたこととも関係があるように思う。『ニュー・アトランティス』はフィクションという形式を用いることで、ベーコンが思う存分自分の発想を広げることができた書なのである。

つまり、フィクションには読むことだけではなく、書くこと自体にも思考を広げる効用があるのだ。我々は、何らかの社会的な常識や既存の思考枠組みの制約に囚われ、それらは新しいアイディアを創り出す障壁になってしまう。『ニュー・アトランティス』

は読者として格闘するだけではなく、各読者にとっての〝ニュー・アトランティス〟の執筆を誘《いざな》うものとして読まれても良いだろう。

Round 8 Book Guide

ドネラ・H・メドウズ、デニス・L・メドウズ、ヨルゲン・ランダース『成長の限界 人類の選択』

枝廣淳子訳／ダイヤモンド社／2005

環境、エネルギー問題を早くから指摘した、ローマ・クラブの最新レポート。

難易度B

英『エコノミスト』編集部『2050年の世界 英『エコノミスト』誌は予測する』

東江一紀、峯村利哉訳／文春文庫／2015

国際情勢の長期予想の一つの事例として。

難易度B

レイ・カーツワイル『ポスト・ヒューマン誕生 コンピュータが人類の知性を超えるとき』

井上健監訳／小野木明恵、野中香方子、福田実訳／NHK出版／2007

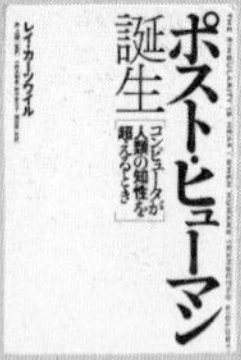

シンギュラリティ(特異点)以後の人工知能の発達した社会に関する古典。

難易度B

手塚治虫『手塚治虫文庫全集 来るべき世界 ファウスト』

©手塚プロダクション／講談社／2010

「来るべき世界」は手塚治虫の初期SF。今日読んでも示唆的な視点が含まれている。

難易度A

ピーター・ティール、ブレイク・マスターズ『ゼロ・トゥ・ワン 君はゼロから何を生み出せるか』

関美和訳／瀧本哲史序文／NHK出版／2014

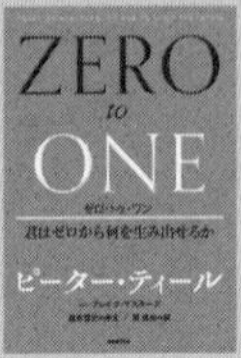

未来は自然にではなく、計画し、実行することで実現する。著名投資家の起業論。

難易度A

植木雅俊訳『サンスクリット原典現代語訳 法華経』

岩波書店／上下巻／2015

とてつもない未来における救済を約束する宗教書の一つの例として。

難易度C

Round 9

正

ロバート・ノージック
『アナーキー・国家・ユートピア』
嶋津格訳／木鐸社／1992
再配分なき最小国家。 難易度B

×

ジョン・ロールズ
『正義論』
川本隆史、福間聡、神島裕子訳／紀伊國屋書店／改訂版／2010
利己的な集団の利他的な結論。 難易度B

義

現代は、「正義」にとって、受難の時代と言えるだろう。というのも、全ての人が受け入れ、その実現のために皆がまとまるといった正義は見いだしがたいからだ。むしろ「正義」は、考え方が違う人々が自らの信じる「正義」を振りかざし合った結果、争いが生じ、それが行き着く先はテロ、戦争であるという文脈で語られる。価値観が多様化している現代において、「正義」を積極的に口にする者は他の価値観を認めない原理主義者のなかに多く見られるため、結果的に「正義」は「風評被害」にあっている。

これはある程度仕方がないことでもある。誰もが信じる宗教が説得力を失った結果、価値観に関する議論は「神々の争い」（マックス・ウェーバー）にならざるを得ず、様々な社会科学は価値観の問題から積極的に逃げ始めた。例えば経済学は、各人の効用を市場の中で実現することで全体のパイが拡大し、制約ある資源を最大限活用できると考え、その理論の精緻化と限界の小さな修正に集中することにした。法律学は、実際には規範的な判断を含んでいながら、法体系を判例の統一的な説明という論理操作の帰結のように見せることで、価値観や正義の問題の範囲を制限した。

一方で、少し前にマイケル・サンデルの「正義」に関する授業が流行ったり、また、トマ・ピケティの『21世紀の資本』が世界的なベストセラーになったように、なんらかの「正義」に基づく格差是正に対する関心は高い。ただ、ピケティが格差が構造的に存在し拡大していることを証明していたとしても、なぜ、その格差を解消せねばならないかについての証明があったわけではない。格差を是とするのも非とするのも結局は価値観の問題でしかないから、他の考え方を持つ人を説得することはできない。

そもそも、所得再分配を行うのは現代的な国家の役割であると説明されるが、これ自体「現代的国家」の定義に結論が含まれているある種の同義反復である。なぜなら、突き詰めると国家の存在自体あまり理由はなく、ただ、憲法がそこにあるから国家があるに過ぎないのである。国家の存在理由の説明として、社会契約論というものがある。これは国民がある時点で国家建設を行う契約をしたという理論だが、歴史的事実として、そうした契約を行ったと言える国家は極めて少ない。結局、我々が空気のように受け入れている国家、そして、それが実現しているはずの正義、所得再分配といったものは、ただ存在しているだけで、その理論的根拠は曖昧なものだ。

かつて、多くの思想家がチャレンジし、そして価値相対主義の中に埋もれていった「正義」の問題について、極めて現代的なツールを用いて切り込んでいったのが、ジョン・ロールズの『正義論』である。非常に論争を呼び、改訂が重ねられた本書を短く紹介する蛮勇をふるうと、おおよそ以下のような主張である。ロールズはまず社会契約論のように、どのような契約条項であれば、人々が合意できるかという問いを立てる。ここで、面白いのはロールズは実際にそういう契約があると考えるのではなく、ある種、仮想的な状態を提案するという点である。その状態をロールズは「無知のヴェール」という表現で説明する。「無知のヴェール」とは、これからできる社会がどういう状態となりうるかについて漠然と知っているが、その社会の中で自分がどの立場になるのかは「わからない＝無知」の状況で契約するという条件である。もし、特定の立場に自分が置かれると事前にわかっていたら、その立場が有利になるように、例えば金持ちが得をするとか、貧しい人が得をするとか、特定の性別や民族が得をするとか、そういう条項にしようとするので、各人の利益がぶつかり合意も難しく、不公平になりやすい。ところが、どの立場になるかわからなければ、公平に決められるのではないかとロールズは主張する。

それでは、そうした「無知のヴェール」のもとで人々はどのように行動するのだろうか。ここでロールズはもう一つの仮定を置く。各当事者は自分のことだけを考えて、自分の利益を最大化し、他人のことは考えない、利己的なモデルを採用する。各人は利己的だが、自分がどの立場になるかわからない場合、どのようなルールに人々は合意するのだろうか。そこでロールズは最後の仮定として、不確実性があり、相手側の行動に合わせつつどうしたら自分の利益を最大化できるかを考える経済学の比較的新しいアプローチである「ゲーム理論」を持ち込む。

ゲーム理論では、完全に状況が不確実なときにとるべき最も合理的な行動は、最悪のシナリオになったときでも自分の取り分がその中では最大になるという意思決定を行うべきだと教える。これを「マキシミン原理」と呼ぶ。例えば、自動車保険を買うことは、殆どのケースで損をするわけであるが、事故を起こすという最悪の場合における自分の取り分をできるだけ大きくする戦略なので、交通事故を起こすかどうかわからない状況では合理的な行動ということになる。これを社会契約に置き換えるとどうなるか。それは「もっとも恵まれていない人に最大限の恩恵が与えられる」というルールの採択に繋がるはずである。つまり、社会の中で自分が最も恵まれない立場になったとしても、それなりにましになるようなルールに、自分のことだけを考えて、同意するのである。この理論の最も面白いところは、極めて利己的な集団が、利他的な結論に到達するということである。また、経済力や才能、運などについて、自分はたまたま良いところになった、悪いところになったという偶然性を認めているところが興味深い。不思議なことに

「相手の立場も考える」という「感情」論が、「無知のヴェール」を掛けると「勘定」論に変わるのである。

『正義論』は一九七一年に出版され、アメリカの公民権運動、ベトナム反戦運動といったリアルな政治の文脈で考えることもでき、単なる抽象論ではない。かといって、現代とも無関係ではない。日本においても、憲法の存在理由、地方格差、死刑制度から、子育て問題、性的マイノリティ、痴漢被害ないし冤罪など、様々な問題について、どのような制度設計をすべきかの示唆を与えてくれるように思う。「自分は関係ない」と考えがちな諸々の問題に関して、「無知のヴェール」を掛けると「自分のこと」として、「自分が弱い立場になった」として、考えざるを得なくなるのである。

とはいえ、ロールズに対する批判は簡単である。例えば、「無知のヴェール」という前提自体かなり恣意的なのではないか。あるいは、合理的な人間は、本当に「マキシミン原理」で動いているのだろうか。普通に考えれば、期待値の最大化を考えて、極端なケースについては心配しないのではないだろうか。こうした批判は、特に保守派から出てきやすい。また、より左側のサイドからは、市場経済システムの微修正であって現状追認に過ぎないという批判もある。こうした批判に対してはロールズも『政治的リベラリズム』でやや改説しつつ、答えている。だが、幾つかの批判があっても、ロールズの

「正義」の考え方は、「格闘」するに値するものといえるだろう。

ロールズに挑む格闘家が提出している問いの中で、最も根本的だと私が考えるのは、「そもそも、最初に国家を作るような合意をするのだろうか」という問いである。つまり、国家は「正義」を実現する手段としてどの程度必要なのかという問いである。

そして、この問いに正面から答え、ロールズに挑んだのが、次に紹介したい、ロバート・ノージックの『アナーキー・国家・ユートピア』である。

ジョン・ロールズの『正義論』は、利己的な個人が利他的な結論で合意することを示し、「正義」を復活させたものだった。このロールズの論考に対して真っ向から挑戦したのが、ロールズと同じくハーバード大学の哲学教授のロバート・ノージックであり、その主著が『アナーキー・国家・ユートピア』だ。

まず、内容を簡単に紹介しよう。ノージックも国家が存在する以前の初期段階を構想し、そこからどのように国家が成立するかを論ずる。ノージックは初期段階を、各人が自己利益を最大化しお互いを攻撃し合う「万人の万人に対する闘争」という状態ではなく、ある程度道徳や規律を想定できるものとする。もし、こうした社会が存在したとしても、身体や権利を侵害されるリスクがまったく存在しないわけではない。

そこで、まずは手近なところで、それぞれの個人がお互いの権利を保護するための組織を自主的に作るだろうとノージックは考えた。この組織は、イメージ的には警備会社と保険会社の機能を提供することになる。ノージックはこれを「相互保護協会」と呼ぶ。警察機能付き共済組合というところだろうか。こうした「相互保護協会」は、物理的・地理的つながり、取引関係などに付随して成立するものだから、しばらくの間は、複数の協会が並存しているはずだ。

ところがこの「相互保護協会」というビジネスは、圧倒的に規模の利益が効果的に働く。すなわち、より多くの人が参加してもそれほど「協会」の維持コストは上がらず、また同じ「協会」に属している人同士の方がお互いの権利を守りやすくなるだろう。こうなると、「協会」側でもより多くのメンバーを獲得すべく、他「協会」から顧客を奪ったり、また他「協会」を買収によって併合することで拡大を目指すだろう。また、会員もより規模が大きく、優れたサービスを提供する「協会」の方が良いので、より大きな「協会」に契約を切り替えることであろう。かくして、「協会」間の競争と、消費者の選択という市場競争メカニズムを通じて、最終的には、すべての「協会」は一つの「協会」に統合され、その独占状態で均衡することになるだろう。

では、この究極の「相互保護協会」はどんなサービスをどんな対価で提供するのだろうか。ノージックの結論は、この「保護協会」は会員同士を公平に扱わないと競争力を失って淘汰《とうた》されるため、最終的には、会員同士の権利を保障し、暴力、詐欺などで奪ったりすることを禁止するなど、会員間の契約の執行を行う、必要最低限のサービスだけを提供するようになるというものだ。かくして、競争を通じて自然発生的に生まれた、「支配的保護協会」はそのサービスエリア内において全ての住民の権利を保護し、かつ、それしかしない「協会」となる。

実はこれはある種の国家とも考えられ、ここに最低限の機能だけをもった「最小国家」が成立する。そして、不必要な介入をしない「最小国家」以外、国家として存在を正当化できず、また、この「最小国家」は各人が自己の選択に従って自由に生きることができるという点で、究極の「ユートピア」だと主張する。一般に、こうした自由意思を最優先させる思想をリバタリアニズム（リベラルと混同しかねないがむしろ相容《あいい》れない思想である）といい、ノージックはその草分けと考えられている。無政府状態（アナーキー）から出発して国家が生まれ、それがユートピアであるということから、「アナーキー・国家・ユートピア」というタイトルになっているのだ。

さて、この考え方をどう見るべきだろうか。ノージックの考える国家の成立過程をロールズと比較するとその特徴が明らかになる。ロールズは、「ある社会の成員全員が同時に同じ内容で同意すること」を前提としている。しかし、これは考えてみると最初から全員で何かを創ることを前提にしているから、言ってみれば最初から国家は存在しているという前提を無批判に採用していることになってしまう。一方、ノージックは、各個人が個別に好きな契約内容を選べることを前提としている。各個人と「保護協会」が目的合理的に行動すると市場メカニズムによって、「最小国家」ができるという構図だ。

そして、全員が絶対に同じ条件で合意しなければならないというロールズの前提を外しても、最終的には非常に緩やかな最小限のサービスを提案するところが規模の利益で勝利することになる。その過程で、ロールズ型会員規約を提示する「ロールズ保護協会」は、「会費が高すぎる」ということで優良会員が離脱し、経営破綻してしまうと思われる。ノージックは昔そういう事があったと述べているわけではなく、一つの仮想状態からあるべき姿を導いている点は、ロールズと同じである。だが、その結論はほぼ真逆だ。

この「保護協会」が市場競争を通じて「最小国家」へという理論の流れがやや荒唐無稽に思えるかもしれない。しかし、税金の高い国から個人や企業が他国へ移動したり、財政破綻国家であるギリシャが事実上、EUの管理下に入ったのを見れば、「国家」サービスが選択されたり、統合されたりすることが現実に起きていることがわかる。また、州ごとに法制度が違うアメリカでは、会社法が優れているデラウェア州には本社登記をする会社がその生まれた国にかかわらず集中している。そういう意味では「国家」も流動的ではある。

この「最小国家」の帰結である、各人が自由に生き方を選択できるという考え方も広がりつつある。例えば、ロールズが注目する格差是正の問題についても、ノージックによれば、どの格差を取り上げどの程度是正するかも完全に自由である。つまり、寄付による個人的支援を積極的に評価する一方、本人の意思と無関係に税金で徴収することこそ正義に反するというのがリバタリアンの考え方だ。さらに言えば、多くの国で規制されていること（例えば、麻薬や売買春など）についても個人の選択に任されるべきというのがリバタリアンの帰結である。ある意味とても強い個人主義で、それゆえ日本ではこれまで人気がなかったと言ってよいだろう。

一方、洋の東西を問わず、ある職業においては支持する者がとても多い思想でもある。それは、起業家の人々である。例えば、アメリカで多くの起業家を輩出してそのネットワーク性からペイパル・マフィアと呼ばれているペイパルの創業者にして、ベンチャー企業投資家であるピーター・ティールはリバタリアンである。また日本でも、各方面の起業家に社会問題について意見を求めるとリバタリアン的な発想に共感を示す人が多い。これには理由がある。というのも、リバタリアンは、国家が正しいことを決めるのではなく、「最小国家」以外のあらゆる価値は、個人が自分の正しさで決めていくことを強く求めるものなので、新しい価値観、社会システムを創ることを世の中に問うていく本来の意味での「起業家」の世界観と一致しているのだ。

そういう意味で、価値が多様化し誰かに正しいことを決めてもらうのが難しく、大きな組織に人生を委ねることが危険で、自分自身で価値について考えていかなければならない現代の日本においては、リバタリアニズムに魅力を感じる人々が増えてきたのではないかと考えている。というのも、ノージックが「最小国家」を考えたのは、「正義」を放棄したのではなく、いわば、「最大個人」の手に正義を取り戻させ、各人が自分自身の生き方についてそれぞれ追求できる社会を正当化したと考えられるからだ。

ノージックは、ロールズの復活させた「正義」を再び葬ったのではない。私たちの理性を信頼し、国家から取り返した「正義」を一人一人に託したのである。ノージックに挑みかかって肩すかしを食らった我々は自分自身との格闘をそこから始めることになるのだ。

Round 9 Book Guide

中山元
『正義論の名著』

ちくま新書／2011

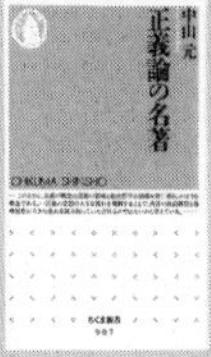

プラトンからマイケル・サンデルまで西洋における正義論を概観。コンパクトで正確。

難易度B

F・A・ハイエク
『隷属への道』

西山千明訳／春秋社／新装版／ハイエク全集Ⅰ別巻／2008

計画より自由を社会の基本原理としておくべきとする自由主義の古典。

難易度B

ロナルド・ドゥウォーキン
『権利論』

木下毅、小林公、野坂泰司訳／木鐸社／増補版／全2巻／2003

独特の権利概念から正義の原理を考察した、法哲学の古典。

難易度C

長尾龍一
『神と国家と人間と』

弘文堂／法哲学叢書3／1991

ケルゼンや親鸞、宣長を素材に哲学を対話形式で語る奇書。

難易度B

フランス・ドゥ・ヴァール
『道徳性の起源 ボノボが教えてくれること』

柴田裕之訳／紀伊國屋書店／2014

道徳は神でもなく、理性でもなく、霊長類の進化、必要性から生まれたと説明。

難易度B

ハンナ・アーレント『イェルサレムのアイヒマン 悪の陳腐さについての報告』

大久保和郎訳／みすず書房／新装版／1994

大論争を呼んだ、ナチスのホロコーストを「主導」した人物のルポルタージュ。

難易度C

Round 10

教養小説——大人になるということ

ゲーテ
『ヴィルヘルム・マイスターの修業時代』
山崎章甫訳／岩波文庫／上中下巻／2000
普遍的な大人。 難易度B

あだち充
『タッチ』
小学館文庫／全14巻／1999
永遠の少年。 難易度A

日本で今、一番売れている出版物は何だろうか。それは多分マンガであり、その売上げナンバーワンは『ONE PIECE』で三億部以上売れているようだ。このマンガは雑誌連載が長期にわたっており、現在八十巻まで出ているのだが（二〇一六年一月現在）、他にもこれに比肩しうるマンガがある。それはあだち充の『タッチ』である。この総売上げは一億部を超えているようだ。他にも一億部を超えているマンガはあるが、単行本全二十六巻で達成していることを考えるとかなり大きな数字であることがわかるだろう。テレビアニメも今ではなかなか考えられない三十一・九パーセントの最高視聴率も記録している。

一般的には高校野球をテーマにしたラブコメというのが『タッチ』の位置づけだと思うが、これを一つの「教養小説」（Bildungsroman）と再解釈するとこの作品の特異性が際立つ。

「教養小説」とは、ドイツ文学に源流を持つ「主人公が様々な体験を通じて、内面的に成長し人格を完成させていく、大人になっていく過程を描く小説」と定義される。ゲーテの『ヴィルヘルム・マイスターの修業時代』がその古典とされているし、実は『アルプスの少女ハイジ』すらその系列に属する。

『タッチ』は、甲子園出場を目指す高校球児という古くからある題材を扱っている。これは、前述の『もし高校野球の女子マネージャーがドラッカーの『マネジメント』を読んだら』が大ヒットしたことからもわかるように、非常に人気のあるテーマだ。甲子園に出るために高校生が切磋琢磨《せつさたくま》し、その過程で人間的にも成長するという形式だ。そして、必ず、主人公にはライバルがいたり、ぶつかりながらも一緒に成長する仲間がいたりし、主人公を応援する女子生徒も脇役として描かれる。

日本で一番売れているマンガ雑誌、週刊少年ジャンプの「友情・努力・勝利」の理念もある種同じ構図で、現代の「教養小説」なのかもしれない。

しかし、『タッチ』はこの古典的な様式をいきなり否定する。主人公となるべき努力家の双子の弟、上杉和也は一年生エースとして甲子園出場を決める試合に向かう途中、交通事故で亡くなってしまう。かくして、双子の兄、上杉達也は弟と、幼なじみの浅倉南の夢を実現すべく、甲子園を目指すことになる。

この上杉達也という人物像がいわゆる「スポ根」ものとはかなり違う。甲子園を目指すという目標は、弟の死というアクシデントから来たものであるし、さらに言えば、浅倉南が望むからというのが主要な理由である。様々なエピソードを通じて、達也は甲子園という目標を主体的なものとして位置づけていく。

また、スポ根は才能においてやや劣る主人公が努力によって乗り越えていくストーリーが多いが、達也の場合、元々あった抜きんでた才能を自己発見していくというストーリーに近い。また、ヒロインである浅倉南も「応援するだけの脇役」ではない。二〇一四年、おにぎりを作るために選抜クラスから普通クラスに転籍した高校野球部のマネージャーの記事が賛否両論を呼んだが、浅倉南はマネージャーのみならず自身が新体操で一流の競技者になってしまう。

最終的には達也は苦労の末、高校三年の夏に甲子園に出場し、さらには全国優勝を果たし、浅倉南もインターハイで優勝する。終着点はとてもスポ根ものらしいのだが、達也が甲子園にいくという目標を達成する、弟を越えその影としてでなく主体性を取り戻す（死者というライバルは高橋留美子『めぞん一刻』にも見られる）、完成された人間になるという目的は、あくまでも、浅倉南に好かれたい、浅倉南の相手として相応《ふさわ》しくなる、自分が浅倉南が好きであることを認めるという、極めて「個人的」な課題達成なのである。

そして、甲子園出場決定以降は、スポ根的なテーマが様々な形で揶揄《やゆ》される。例えば、強豪校の選手の名乗り合いが形式美として示されても、「とても覚えきれん」という反応になるし、野球を続けることも「疲れる」ということになる。ここでは、「強さ」「正しさ」というような一般的な美徳よりも、かなり個人的な「自己承認」が終着点となっている。

実は、恋愛を通じた自己発見、自己成長というのはどちらかというと少女マンガのモチーフで、「特に取り柄のない女の子がなぜかスゴイ男性に好かれる」というスタート地点とセットとしてあり、みつはしちかこ『小さな恋のものがたり』や神尾葉子『花より男子《だんご》』（五千五百万部を超えてもっとも売れた少女マンガとされる）などにも見られる。

さらに古典を引けば、紫式部『源氏物語』も「恋愛を通じた自己発見」の系譜に入るかもしれない。少女マンガの手法を少年マンガに取り入れたあだち充は一つのイノベーションを起こしたと言えるだろう。あだち充は元々柔らかい絵柄の方向から、編集者のすすめで、初期は少女マンガの仕事をしていたという。時代があだち充に追いついたのだ。まさにイノベーションは異なる領域の組み合わせによって生まれることの実例である。

『タッチ』の構図のその後の影響はあまりにも大きい。「平凡な少年がなぜか凄く優れた女性に好かれる」は、やや粗製濫造気味なライトノベルでよく使われるし、「主体的な目標を強制的に選ばされるが、好きな女性に認められるために打ち込み、圧倒的な才能が発見される」という構図は、例えば『新世紀エヴァンゲリオン』がまさにこれにあたる。そして、ライトノベルや『新世紀エヴァンゲリオン』は若者を中心に広範に受容されており、かつての若者が読んでいた日本の「教養小説」である『次郎物語』『真実一路』『路傍の石』などの代わりに、『タッチ』型「教養小説」を読んでいると言って良いだろう。

それでは、こうした新型「教養小説」は「完成された人間像」を提示しているだろうか。もちろん、物語としては、主人公は完成されるわけであるが、読者には違うメッセージを与えてしまうのではないかと私は考える。

例えば、「予《あらかじ》めあった才能が開花する」というメッセージは、何かがきっかけとなり本気を出せば自分は能力を発揮できるが、今はそれがないから本気を出さないという考え方に繋がる。実際、ネットスラングには「本気出す」という言葉があり、あり得ないことを条件にして本気を出すと宣言することで、現実から逃避する文脈で使われる。

また、自分の人生を変えてくれる女性をモティベーションにするのも「白馬の王子様を待つ」の変形版として、その対象をアイドルなどの商品化された女性に求めることで、これまた、現実逃避に繋がっていくだろう。

つまり、どちらかというと新型「教養小説」は、大人になるというよりもむしろ、

「永遠の少年」というモラトリアムを推奨するストーリーに思えるのである。

　こう考えると『タッチ』はバブル期前の作品にもかかわらず、すでに低成長で目標を持ちにくい時代を先取りしていたのかもしれない。これは、少女コミックでは、恋愛依存を相対化して大人になることをテーマにしている矢沢あい『NANA―ナナ―』がヒット作になったことと対照的である。

　それでは、新型「教養小説」が永遠に旅を続けているとして、元来の「教養小説」では、どのように課題が提示され、どのように成長し、どのように旅を終えるのだろうか。そこで提示される「大人」の姿は、どの程度普遍性を持つのだろうか。

　新型「教養小説」としての『タッチ』を取り上げたが、元祖「教養小説」であり、その後の「教養小説」の模範となったのが、先述の通り、ゲーテの『ヴィルヘルム・マイスターの修業時代』である。

　この本の内容を詳しいあらすじとして提示するのは極めて難しい。というのも、数多くの人物が登場し、その人物が亡くなったり、場所が変わったりする。さらに登場人物同士の関係が複雑で、実は一見無関係な人物同士が繋がっているとか、繋がりを誤解していたことが後からわかるとか、謎の人物に助けられるとか、バブル期のトレンディードラマや韓流ドラマを彷彿《ほうふつ》させる急展開ぶりなのである。こうした人物をきちんと紹介してしまうとネタバレになってしまうし、どうにも内容を説明しにくい。

なので、簡単に構造だけを紹介しよう。実はそれだけでも、『タッチ』とは対比可能である。主人公のヴィルヘルム・マイスターは豊かな商家の跡継ぎだが、本人は演劇が好きで、ドイツ演劇界を改革したいと考える。しかも、ある女優と親密になっている。いずれも、親の期待とは真逆である。結局、ヴィルヘルムは女優との恋に破れるのだが、初心捨てがたく、演劇を志し、旅に出る。途中で、ある旅回りの一座に出会い、自分が出資して劇団を作る。小さな成功もつかの間、盗賊に襲われて、全てを失ってしまう。

ところが、ある貴婦人の支援を得て復活し、紆余曲折《うよきょくせつ》を経た後、実践的な社会活動として理想的な領地改革を行っている男爵らに出会う。その結果、演劇よりも、実践的な社会活動に関心を持つようになる。その後、これまで登場した様々な人物との関係について、次々と衝撃的な事実が明らかになる。その中には、ヴィルヘルムの旅をずっとモニターしていた結社の存在があり、そのメンバーから「修業時代」の終了が宣言される。最終的には、ヴィルヘルムは結婚して、子供を得た状態で物語が終わる（実はこの子供が伏線を回収する役割を担うのだがネタバレになるのでやめておく）。

『修業時代』は、この作品の影響を受けて書かれたドイツ教養小説の一つであるトーマス・マンの『魔の山』と比較してみると、そこに共通点を見いだすことができる。両作ともに主人公は、自分のいる日常世界から切り離され、ある種の異世界を旅することになるのだ。そして、それまでの人生では出会わなかったような多くの人物に出会い、彼らとのやりとりを通じて成長していく。

そうした影響を与える人物が入れ替わり立ち替わり、現れる。恋愛関係一つとっても、『タッチ』では浅倉南という一人の女性が主人公の成長の触媒として作用するが、『修業時代』ではこれとは逆に様々な女性と恋愛関係になる。だがその女性の多くは死によって退場してしまう（やや『源氏物語』風だ）。あまりにいろいろなタイプの女性が出てくるので、ゲーテの実人生を参照し、モデル探しをする研究者もいるほどだ。

いずれにせよ「日常の延長で同じメンバーと永遠の旅を続ける」という構造と、「異世界に旅立ち、登場人物が入れ替わるなかで、最後には帰郷する」という構造は何とも対照的である。時代における理想的な人間像の変化が、そのまま教養小説にも反映されているということだろう。

時代による教養小説の変化はよくあることで、十九世紀末のイギリス教養小説は「紳士の人間形成」をテーマとすることが多かったのだが、二十世紀に入るとわずか十数年で「芸術家の自己確立」に主軸が移っている。これは社会の価値観の変化そのものだろう。

それでは十八世紀末の『ヴィルヘルム・マイスターの修業時代』は現代とは関係ない話なのだろうか。やや年配の読者なら共感してもらえると思うのだが、ヴィルヘルムは一昔前の大学生によくいそうなタイプなのではないだろうか。演劇に入れ込んでみたり、親の敷いたレールに反発して突然海外を放浪してみたり、芸術の追究に疑問を感じて社会運動に関心を持ったり。大学生が今よりずっと特権的な地位にあった一九五〇年代から一九六〇年代あるいはもっと時代を遡って、旧制高校の時代にはごろごろいそうな人物像である。

また、主人公に影響を与える人物がアメリカに渡った後、故郷に戻り、故郷を「自分にとってのアメリカ」にしようとするところや、主人公が続編の『ヴィルヘルム・マイスターの遍歴時代』で結局、新天地を求めてアメリカに渡るという終わり方をするというのも、十九世紀的というよりも二十世紀っぽいと思うし、また、この時代からアメリカは、ある種の「アメリカンドリーム」を打ち出していたことに驚かされる。

さらによく考えてみると、現代の日本にもヴィルヘルム・マイスターの末裔《まつえい》は存在する。それは「意識高い系」と呼ばれる学生である。

「意識高い系」とは自分は他の学生とは違う特別な存在であり、常に自己成長を通じて、社会変革に関心を持っている、そんな学生である。実際には空回りしている学生も多いので、揶揄する表現として使われることも多い。が、「意識高い」こと、それ自体は悪いことではない。現代のヴィルヘルム・マイスター達は、演劇の代わりにサークル活動やアルバイトに精を出す。そこでは恋愛関係のいざこざや挫折もあろう。被災地や海外に飛び立って、騙《だま》されたり、危険な目に遭ったりもするが、そこで人生を変えるような何らかの出会いがあったり、社会経験を積む者もいる。

今や、尖《とが》った学生はアメリカに渡るのではなく、新興国、とりわけアフリカに新天地を求めて旅立っていく。新興国でDVDによる映像授業を行って教育格差を解消するe-Education プロジェクトの創業者・税所篤快《さいしょあつよし》氏もそんな一人である。彼も最初の社会起業の失敗、失恋、バングラデシュへの旅立ち、マイクロファイナンスで有名なグラミン銀行トップとの出会いなど、似たような構造の経験をしている。

また、私は、創業期の起業家に投資するエンジェル投資をしているので、数多くの起業家の、評伝には書かれない本当のストーリーを知っているが、そこにも同じ構造を見つけることができる。父の敷いた道への反発、失恋、異世界への旅、危機、救出と出会い、テーマの発見、実は長期的に見守ってくれた「結社」の存在など、『ヴィルヘルム・マイスターの修業時代』の構造は、現代の「修業時代」にも見いだすことができるのだ。

「現代の若者はダメ」という議論は数千年前から存在するが、少なくとも尖った学生達は、十八世紀末と変わらない。つまり、『ヴィルヘルム・マイスターの修業時代』における課題の提示、成長、旅の終え方は普遍性を持つのである。

そして、続編の『遍歴時代』の「大人」像も彼らが発見するものに似ている。『遍歴時代』は「諦念の人々」という副題がつけられているが、これは個人の能力の完全性を諦め、一つの優れた職能を通じて社会に関わるという「多面的教養主義から専門家へ」という現実主義を表している。つまり、ルネッサンス的知識人から続くともいえる十八世紀教養主義が終焉《しゅうえん》を告げて、近代の社会システムを予見している。

「何でもできるが何もできない」というのが子供的全能感であるが、大人になるということは何かを選び取り、それにコミットすることで社会に関わっていくということで、これも大抵の起業家が起業を決意するタイミング、あるいは、会社の事業領域を見定めて成長していく過程で必ず通過するプロセスでもある。

恐竜が滅びても鳥として実は現代にその末裔が残っているように、十八世紀の教養小説は形を変えて、現代の社会を変えようとする若者に息づく、そういう普遍性を持っているのだ。

Round 10 Book Guide

今江祥智
『ぼんぼん』

岩波少年文庫／2010

今江祥智の代表作。親族の死や戦時下での成長を描いた物語。佐脇さんというトリックスターが登場する。

難易度A

宮沢賢治
『銀河鉄道の夜』

集英社文庫／1990

未完成でやや支離滅裂なところもあるが故にいろいろな解釈が可能。法華経の影響も。

難易度B

井上靖
『しろばんば』

講談社／21世紀版 少年少女日本文学館／2009

井上靖の自伝的長編小説。やや純粋すぎる少年にいろいろな大人がかける言葉が面白い。

難易度B

ジョーゼフ・キャンベル
『千の顔をもつ英雄』

倉田真木、斎藤静代、関根光宏訳／ハヤカワ文庫NF／新訳版／上下巻／2015

映画『スター・ウォーズ』にも影響を与えた神話の共通パターンに関する考察。

難易度B

富沢順
『企業戦士YAMAZAKI』

集英社／ジャンプ・コミックス デラックス／全12巻／1993

サイボーグとして復活した過労死商社マンを主人公にしたバブル崩壊後の再生物語。

難易度A

上田渉
『勉強革命! 「音読」と「なぜ」と「納得」が勉強力とビジネス力をアップさせる』

マガジンハウス／2010

起業家の典型的な覚醒と成長の物語の一例として。

難易度A

Round 11

国語教育×の文学

魯迅
『阿Q正伝・狂人日記 他十二篇』
竹内好訳／岩波文庫／1955
中学三年生にとっての友。
難易度A

中島敦
『山月記・李陵 他九篇』
岩波文庫／1994
高校二年生の人生哲学。
難易度A

日本人に一番読まれている書物は何だろうか。古典だろうか。それとも、ベストセラーだろうか。

古典を好んで読む日本人はそれほどいないと思うし、ベストセラーは時代を象徴するものでもあるから、全世代で考えるとそれほど多くの人が読んでいるとは思えない。そもそも、書籍が二百万部売れたとしても、全人口でみれば、せいぜい数パーセントが読んでいるに過ぎない。日本人共通ということで、日本国憲法もあがるが、条文をちゃんと読み込んでいる人は少ないのではないだろうか。

日本人の多くが最も読んでいる書物は、実は「国語の教科書」なのではないかと私は考えている。もちろん、教科書は国定ではなく検定なので、複数の教科書会社から出版されているのだが、各社が何十年にもわたって同じように取り上げている文学作品が幾つか存在する。その一つが、この章で取り上げる中島敦『山月記』で、一九五一年以来、多くの教科書で採用されている。

私の仮説が正しければ、あらすじの紹介は不要かもしれない。だが、覚えていない読者も多いと思うので紹介しよう。

中国の唐の時代、李徴《りちょう》という秀才がいた。役人であることに満足できず、詩人として名を成そうと辞職するが、うまくいかず、再び役人となるも不遇をかこち、最終的には、発狂して行方不明になってしまう。翌年、李徴の旧友で出世していた袁傪《えんさん》は、人喰《ひとく》い虎が出るという道をまだ暗いうちに出発し、虎に襲われる。ところが、その虎は、李徴だった。李徴いわく、自分はなぜか虎になってしまって、時々人に戻る。どんどん人である時間が短くなりつつある。自分の作った詩を残したいので、記録して欲しいと依頼され、袁傪は引き受ける。およそ三十編の詩を部下に書き取らせたが、その詩にはどこか欠けているものがあると袁傪は感じる。なぜ自分が虎になってしまったのか、李徴は語り始める。自分はその他大勢の才能のない人間と関わらないと決め、他人との交流を避けていたため傲慢《ごうまん》だと言われた。しかしそれは、「臆病な自尊心と、尊大な羞恥心」が内心にあったからだ。実際には、自分に才能がないことを認めるのを恐れ、だからといって、少ない才能を苦労して磨くことも避けた。そういう内面の葛藤が、心中の虎であり、ついに本当に虎になってしまった。李徴は妻子の後見を袁傪に頼み、虎の姿を見せて去って行った、という話である。多くの読者が、その話は読んだことがあると思い出したであろう。

それにしても、中国怪奇譚とも言うべき、随分不思議な話である。しかし、今振り返ってみるとそれ以上に不思議なことがある。国語ないし、現代国語（現国）の授業の存在理由である。

思い出して頂きたいのだが、入学試験などの現国のテストでは、極めて短い時間に初見の文章を読んで、登場人物の心情を理解したり、ストーリーを解釈する問題が出題される。一方、現国の授業では、一つの文章を長い時間を使って、かなり細かく解釈をしたり、さらには、教師から謎の人生訓を聞かされたりするようなことが行われている。そして、多くの場合、文学作品は多様な解釈を許すので、結論が出ない、もしくは結論（解釈）が分かれることもある。そうしたオープンエンドな授業も多かったのではないだろうか。これは、ほぼ正解が一義的に決まるような問いを出す、現国のテストとは真逆な世界である。

結局のところ、現国の授業は、テストで測定される読解力を向上させることとは関係がかなり薄いのではないかという気がしてくる。もっとも、学校教育はテストで評価されるためにだけ存在すると考える必要はないだろう。そうだとすると、現国の授業には読解力を身につけるのとは別の目的が隠されているのではないか、という仮説を立てることができるだろう。

そこで、戦前も含めて、国語教育の目的に関する様々な資料を読み解いていくと、表現はその時々で異なるが、一つのキーワードに出会う。それは「良書を読ませることを通じた人間形成」というものである。

これは、ある意味、驚くべきことである。というのも、国語教育の目的は、「読む、書く、聞く、話す」という言語スキルを上げるのではなく、ある種の道徳教育が明確に含まれているということになる。

それでは、『山月記』で一体何を教えようというのであろうか？　一つには、「才能」と「切磋琢磨」に対する教えがあろう。才能が十分でない人であっても、切磋琢磨することでそれなりに大成することはある。むしろ、正しい自己認識を行って、自分を試す場数を踏んでいけば道が開けるかもしれない。あるいは、そこで成果が出たことをもって、事後的に、「才能に恵まれていた」というのかもしれない。

また、国語の授業の「指導書」（教員向け指導マニュアル）のなかでは、「なぜ、李徴の詩には今一つ物足りないところがあるのでしょうか」という問いを立てるものも多い。実際、私が受けた授業でもそういった問いが教師から出されたように記憶している。いろいろ答えはあるようだが、一つの答えとして、李徴の人間性の欠如について難じるものがある。さらに言うと、自分の詩の話をまずして、その後で家族のことを心配する李徴のエゴイズムを批判して、この問いに繋げることもあるようだ。

さらには、自身の修士論文をもとに出版した、高校教諭の佐野幹《さのみき》氏の『「山月記」はなぜ国民教材となったのか』によれば、そこに資本主義のエートスを読み取ることも可能だという。やや下世話に解釈すると、自分の才能におぼれて、組織を離れて独立すると、酷《ひど》い目に遭うという処世訓として読むこともできる。ややうがった見方をすると、多くの国語の先生は、一度は文学者を志したものの、様々な理由から、高校教師になったのかもしれない（実際、私に『山月記』を教えた教師は研究を続け大学教員になった）。そういう立場の人が『山月記』を人生の先輩として語るとしたら、そこにはまた一つの深みが生じるかもしれない。しかも、『山月記』の著者は、旧制女学校の教師から文学者として名前が残る人になったというサクセスストーリーの持ち主でもあることを考えると、そこに思い入れがあってもおかしくない。

とにもかくにも、『山月記』はいろいろな解釈を読者に提供できる素材になっている。道徳教育というのは、教育の現場において何かと論争を生む分野である。ただ、一つ言えるのは、わかりやすい徳目を単純に身につけさせるのは、小学校の道徳の授業で卒業すべきであって、実際の人生は、もっと複雑で、迷いがあるものだろう。教師から言われたことをそのまま内面化するのは、せいぜい、奴隷の道徳でしかない。倫理の授業も、結局、脈絡のないまま、様々な思想家の考えを暗記するだけになってしまいやすい。

そうなると、ただ、現国だけが、小説を通じて、人生哲学について、上記のような人々が教師となって、考える機会を与える授業として設計されているのではないだろうか。

『山月記』は高校二年生が大学受験を前にして、自分の才能、適性、努力について真剣に悩むタイミングで教えられる。あるいは、卒業後すぐに就職する高校生にとっては、社会に組み込まれていくことについてひとしきり考えるタイミングでもあろう。

そう考えると『山月記』を何年経っても覚えている日本人が多いのは当然ともいえる。現国の教科書が、実は、道徳、人生哲学の教科書だとするならば、他にはどんな教材がどのタイミングで与えられているのか、もっと考えてみたくなる。

実は『山月記』と並んで教科書採用歴が長く、かつ、すべての国語教科書に載っている作品がある。それは魯迅《ろじん》の『故郷』である。『故郷』は中学三年生で取り上げられる。これには深い意味があると私は考えている。ただ、『山月記』が高二で取り上げられるのとはかなり異なる狙《ねら》いを持って中三で教えられているのだ。興味深いことに、藤井省三著『魯迅「故郷」の読書史』によると、実は中国でも定番の文学作品で、中華民国時代からずっと国語教育で使われているという。そして中国でもやはり日本の中学生にあたる年代が対象のようだ。それはなぜなのだろうか。

まず、簡単にあらすじを紹介しよう。

都会に出て栄達の道を進む主人公が二十年ぶりに故郷に帰る。地主だったが没落してしまった生家を引き払うためである。それはけっして楽しいものではなかった。とはいえ、心の中には故郷での美しい思い出があった。しかし、故郷は生家も人々の心もぼろぼろになっていた。小作人の子供で、とても仲良しだった閏土《ルントー》と再会するが、彼もまた長く苦しい生活のなかで、みすぼらしくなっている。しかも、荷物の整理にかこつけて家財を盗もうとした疑惑も生じる。そしてなによりも、旧友の自分のことを「旦那さま」と呼び、以前のような関係ではないことを痛感させられる。故郷、そして人々のあまりに変わり果てた姿に主人公は絶望する。唯一の救いは、主人公の甥と閏土の子供達。彼らは、そうした現実とは無関係に対等につきあっている。そこに主人公は未来への希望を感じる。そして、印象的なフレーズをもって、『故郷』は、しめられる。

「思うに希望とは、もともとあるものともいえぬし、ないものともいえない。それは地上の道のようなものである。もともと地上には道はない。歩く人が多くなれば、それが道になるのだ」

私はこのフレーズが好きで、拙著『君に友だちはいらない』で章扉裏に採用したぐらいだ。

『故郷』を理解するには、どのような歴史的背景から生まれたかを知っておくと良いだろう。

『故郷』は「新青年」という雑誌に発表された。中国は当時、辛亥《しんがい》革命によって中華民国が成立したものの、それは近代国民国家とはほど遠く、封建主義が色濃く残り、軍閥同士の覇権争いによって国内は混乱していた。アメリカではハーバードが、日本では東京大学をはじめとするいくつかの大学が近代国家建設の過程において重要な役割を果たしたが、中華民国の混乱の中で北京大学は同様の役割を果たせていなかった。そこで、北京大学の教授達を中心に、「民主と科学」という近代国家のイデオロギーを文学を通じて喧伝しようとしてつくられた雑誌が「新青年」なのである。つまり、形だけで実際には実現していない理想、すなわち「希望」そのものがテーマの雑誌ともいえるだろう。没落する社会、身分制の問題点、科学的思考の欠如（主人公は、閏土が香炉と燭台《しょくだい》を欲しがったことを偶像崇拝として批判している）といった『故郷』で提起された問題と次世代に希望をつなぐというテーマはまさに「新青年」のテーマそのものだったのである。

ではなぜ、中華民国の大学教授達が感じた危機感を日本の中学三年生に教える必要があるのだろうか。そもそも、こんな小難しいテーマが中学生に伝わるのだろうか。実際、いろいろな記録を見てみると、生徒の側もピンとこないと言っている人が多いし、教員側も教えにくいと言う。これは日本だけではなくて、先述の藤井氏の研究によれば、百年近く前の中華民国時代から、中学生にとってわかりにくい教材だったらしい。

一つの説明として、中三の時にはわからなくても、大人になってからその意味がわかれば良いとするものがある。

典型的な公立中学校を想定してみよう。義務教育である日本の中学校は地域ごとに学区が分かれており、あらゆる社会階層の生徒が一緒に学んでいる。つまり、そこには、『故郷』の登場人物の子供時代のように理念上はフラットな共同体が存在する。そこから先は、進路、言い換えれば社会階層の分離が急速に進むように社会は、設計されている。高校進学あるいは大学進学を機に故郷から離れていく人も多いだろう。そして、成人式なり同窓会なりで故郷に戻ってみると、『故郷』の主人公が経験したことと似たようなこと、すなわち故郷の荒廃ぶり、格差社会、高等教育に基づいた科学的思考を持つものとそうでないものの断絶などを目《ま》の当たりにする人も少なくないだろう。そこで、はじめて『故郷』が何を語っていたのかに気がつき、自分はその状況にどう向き合うのかを、考えさせられるのである。百年前の中国の知識人が痛感していた近代国家の理想が実現していないことにどう向き合っていくのか。いまだ理想の社会を実現できていない日本人にとっても、それは胸に突き刺さる問題なのである。

もっとも、何を理想の社会と考えるかはいろいろな立場があって当然なのだが、それに対して『故郷』はあまり多くを語らない。その証拠に「新青年」はその後イデオロギー対立で分裂してしまう。ただ、『故郷』を中三に読ませようとした人達は、『故郷』の主人公が無邪気な子供達に期待したように、まだフラットな関係にいる日本の中学三年生達が将来、そのメッセージに気がついて、「道をつくってくれる」ことを期待して、彼らに密かにやや強制的につまらない授業を受けさせているということなのだろうと思う。

つまり、『故郷』はある種の予言書であり、さらに言えば、秘密の教えを書いた経典でもあるのだ。

真に良い本というものは、時間をおいて、何度も読まれる。そして、読者の成長によって、同じ本でも読みが深まっていく。その本が書かれた背景を理解することで、隠れたメッセージが後になってわかることもある。

これも私が好きな本だが、吉野源三郎の『君たちはどう生きるか』も、日本が軍国主義になって個人の尊厳が失われていく時代が予見される時に、どのように主体的に生きるかについて次世代を担う若者に伝えた本だと考えると、また一つとらえ方が変わってくる。そういう意味で言うと、同じ本であっても、読者が成長することを通じて本もまた成長するという、そうした本が少なからず存在するのだ。

この点において、良書は旧友に近い。旧友とはなにも昔から親しかったやつとは限らない。むしろ、中学生時代にはそれほど親しくもなく、何を考えているかわからなかったやつが、大人になってから振り返ってみると、自分も相手も成長したことによって、そのころには理解できなかったその人の背景がわかって、今ではあたかも昔から親しかったかのような友人関係を構築していたりするものなのである。

『故郷』は、読者の成長によって読みが深まる本の読み方を、義務教育を受けた日本人全員に体験させようとする大きな仕掛けの作品ということになるだろう。一見、何の深い意図もないような子供向けの本を、大人の視点で読み返してみると、隠れた意味が見えてくるということは実は多いとわかる。

そして、児童文学のなかで長く愛されるものは、子供が読んでも大人が読んでもそれぞれ楽しめるようにできているのである。そこで次章では、教科書よりさらに年齢が低い、子供向けの本を取り上げてみたい。

Round 11 Book Guide

レオ・レオニ
『スイミー』

谷川俊太郎訳／好学社／1969

小さな魚が集まれば大きな魚に勝てるという集団主義に個性の味付け。

難易度A

山田詠美
『晩年の子供』

講談社文庫／1994

教科書検定で不合格になった作品。どこが問題かなかなかわからない。

難易度A

新美南吉作　石倉欣二絵
『ごん狐』

新美南吉の会編／小峰書店／新美南吉童話傑作選／2004

誤解と贖罪の物語ではあるが、誤解からの悲劇に終わってしまうのは「教育的」か。

難易度A

太宰治
『走れメロス』

集英社文庫／1999

現実社会では、友人を信じて、連帯保証人になって困ったことになった人が多いのでは。

難易度A

宮沢賢治作　荒井良二絵
『オツベルと象』

三起商行／2007

宮沢賢治が忌避した初期資本主義的価値観の根底を象にも見いだす葛藤。

難易度A

瀬戸内寂聴訳
『源氏物語』

講談社文庫／全10巻／2007

今日的な視点からは教科書検定不合格になりそうなものだが、古典は別格か。

難易度B

Round 12

児童×文学

J・K・ローリング
『ハリー・ポッターと賢者の石』
松岡佑子訳／ダン・シュレシンジャー画／静山社／「ハリー・ポッター」シリーズ全11巻／1999
児童書最大のベストセラー。 難易度A

ガース・ウイリアムズ文・絵
『しろいうさぎとくろいうさぎ』
まつおかきょうこ訳／福音館書店／1965
タブーを乗り越える浸透力。 難易度A

前章では、国語教科書の作品を取り上げたが、さらに年齢を下げて、ガース・ウイリアムズの『しろいうさぎとくろいうさぎ』という絵本を紹介したい。出版社によれば、対象年齢は読み聞かせなら四歳から、自分で読むなら小学校中級向きということなので、過去取り上げた本の中でも群を抜いて低年齢向けだ。日本での初版が一九六五年なので、半世紀にわたり読み継がれている絵本であり、実に百数十刷を重ねているロングセラー中のロングセラーである。ストーリーは、森の中に住んでいる「しろいうさぎ」と「くろいうさぎ」が結婚することになる、ほんとうになにげない物語で、そうであるが故にとても印象に残る絵本である。作者のガース・ウイリアムズは『大草原の小さな家』シリーズの写実的な挿絵でも名前が残っている人で、絵柄もとても印象的である。マクロで見ると、引いた構図と、逆に、寄った構図とで描かれる二匹のウサギの配置には、ダイナミックな視点の変化がある。ミクロで見れば、ウサギの毛がとても丁寧に描かれていて、そのウサギの表情はあたかも人間であるかのように豊かで、特に、目をまん丸にしたウサギの顔は忘れられない。

一方、ウサギの絵本と言えば、ディック・ブルーナの「ミッフィー」がすぐに想起される。私は小さい頃からミッフィーが好きでその極度に抽象化された造形を見慣れていたから、『しろいうさぎとくろいうさぎ』は大変衝撃的な絵本であった。当時幼稚園で飼われていたウサギに似ていて、しかも、その表情の豊かさ故に、擬人化されているその存在に不思議なリアリティを感じたのである。

絵本は抽象度が高く、さまざまなイメージを喚起するから、思わぬ想像を呼び覚ますこともある。『しろいうさぎとくろいうさぎ』は、アメリカでは公民権運動の最中である一九五八年に出版されており、白人と黒人との異人種間婚姻を奨励し、かつ、「人格形成期の子供に対して洗脳的である」として、アメリカ南部の図書館から撤去されるという事件も起きている。ガース・ウイリアムズ自身はデザイン上の理由から白と黒にしただけで、政治的な意図はないと説明しているが、絵本の持っている「浸透力」に、緊張が高まっていた当時の社会が過剰反応したということであろう。

絵本には少なからず「浸透力」があるのは確かで、今、振り返ってみれば「いつもいつも、いつまでも、きみといっしょにいられますように」という「くろいうさぎ」の印象的なセリフは、どこかで私も含め読者の結婚観に無意識的に影響を与えたのではないかと思わないでもない（もっともガース・ウイリアムズ自身は四回結婚している）。

日本の絵本の超ロングセラーにも無意識的な浸透力がある。『ぐりとぐら』で有名な中川李枝子《りえこ》、大村百合子《ゆりこ》姉妹のデビュー作『いやいやえん』は保育園での話である。子供からすると、ちょっと怖いお話なのだが忘れることができない。「ちゅーりっぷほいくえん」に通う主人公のしげるは、結構自分勝手な子供で親も保育士も手を焼いている。そんなある日、「いやいやえん」という保育園に通うことに。そこでも調子に乗ったしげるが自分のわがままを通していると、とんでもなく不条理なことが起きて、結局わがままをやめることになる。他の女の子がやったルール違反を理由に自分を正当化すると、何でもその女の子と同じように服や家路が変わってしまったり（これは収録されている「ちこちゃん」での出来事）、赤い服が嫌だというと、赤いクレヨンも赤いリンゴもみんななくなってしまったり。そして、オモチャを片付けないとオモチャは脱走してしまう。殆どホラー小説で、昔話によくあるタブーと制裁だ。これは、『ドラえもん』でも繰り返されるモチーフで、のび太がドラえもんの道具を使って調子に乗ると、必ず失敗して、台無しになってしまう。

一つは絵本の大ベストセラーであり、もう一つは子供向けマンガの大ベストセラーなのだが、なんてことはない、「共同体の規範逸脱と制裁」という、昔話、民話のモチーフに乗っかっているのである。本書のタイトルは、「読書は格闘技」であるが、子供は作品を批判的に考察することが難しい。むしろ、その強い受容性をもって何度も何度も同じものに触れて、特定の考え方を強化されることすらあるだろう。多様性を特徴とする現代社会において、「共同体の規範逸脱と制裁」を内面化することが果たして良いことなのだろうか。ドラえもんというパワーへの甘えと失敗というモチーフが教育的なのだろうか。

実際、こうしたステレオタイプな物語に対抗する子供向けコンテンツも存在する。その典型が、ドラえもんに対するアンチテーゼとして構想されたと解釈可能な江川達也『まじかる☆タルるートくん』である。未来の世界では落ちこぼれとはいえ、一応道具は役に立つドラえもんとは対照的に、タルるートくんはかなり出来の悪い魔法使いであり、その魔法は常に中途半端である。主人公は、自分達で工夫したり、努力したりして、成長し、結局、魔法を使わないですむようにしてしまうのである。もっとも、『ドラえもん』にもそういう契機はあり、人気によって連載は継続されたが、本来は第六巻でのび太が自力でジャイアンを倒し、ドラえもんは安心して未来に帰るはずだったし、長編作品の『ドラえもん』では、冒険を通じて、のび太は成長し、ジャイアンやスネ夫も結構いいやつで友情が深まる。そして、肝心なときにドラえもんの道具は役に立たなかったりする。

社会規範の変化による子供向けコンテンツの隠れたメッセージの変化というのはディズニーにもある。『アナ雪』こと『アナと雪の女王』では、王子様は国を救わないし、出会ってすぐ恋に落ちた男女が結ばれるハッピーエンドと思いきや、どんでん返しが用意されている。ディズニーはエルサとアナが同程度の人気になると想定して、玩具を準備したらしいが、実際にはより新しいヒロインであるエルサが圧倒的に人気を博した。さらに言えば、よく見てみると同性愛を暗示していると思われるシーンが幾つかある。

『アナ雪』の成功には一つ先行ケースがある。制作スタッフが重なっている『魔法にかけられて』である。これは実写のミュージカル映画で原題が"Enchanted"、『アナ雪』は"Frozen"で、どちらも過去分詞形のタイトルを使って、この二つの作品が実は同じシリーズであることが暗示されている。この映画はディズニーの過去作品へのオマージュをふんだんに捧げながら、そのモチーフをある種、皮肉る作りになっている。いかにもディズニープリンセスっぽい主人公のジゼルは「永遠の幸せなど存在しない世界」である現代都市のニューヨークの実写の世界へ追放され、アニメから飛び出す。そして、出会って一日で婚約した王子を捨てて、子連れの弁護士と結婚し、最後はニューヨークでアパレルメーカーを起業してしまうという、何とも現代的なロールモデルを提示している。

子供が書籍と格闘しない世界においては、むしろ、大人である作者達が社会の規範と格闘して、新しいモデルをさりげなく潜り込ませている。そして、大人がそういうメッセージを読み取って、子供に選び取らせていくことができるという構造になっている。見方によれば、実は、子供向けの本の方が、国語の教科書よりもよりラディカルな世界観を提示していて、親よりも子供の方がそうした価値観の変化に対して柔軟なのかもしれない。

そう考えると、作者の意図は謎だが『しろいうさぎとくろいうさぎ』が、かつてのアメリカのタブーを乗り越えさせる力を持っていたとしても何の不思議もない。子供の本が、社会を変えるメッセージを内包しているとするのであれば、二十世紀から二十一世紀にかけての最大のベストセラーをモチーフにするのが本書の最後をしめくくるに相応しいだろう。それは、J・K・ローリングの『ハリー・ポッター』シリーズである。このシリーズにはどのようなメッセージが隠されているのだろうか。

ここで『ハリー・ポッター』を語る上で少し気をつけなければいけないのは、原作と映画とで若干設定の変更があるということである。映画は、シリーズ全体の興行収入で、『ロード・オブ・ザ・リング』や『スター・ウォーズ』シリーズすら上回っている。この数字をたたき出すために、イギリス的な価値観が解毒されている部分もある。それはキャラクターの設定にも見られる。例えば、ロン・ウィーズリーは映画では貧しい冴《さ》えないキャラクターになっているが、原作では経済的に豊かでないにしろもっと名門出身であることが強調されているし（言葉遣いでわかる）、ハーマイオニー・グレンジャーは、もっとガリ勉的なキャラクター（少なくとも当初は）だし、姓のグレンジャーは、アメリカの労働運動「グレンジャー運動」から来ているのだが、彼女の社会運動家的色彩は映画では薄められている。

あまりにも有名な物語ではあるが簡単に概要を説明すると、世界を支配しようとしているヴォルデモートという闇の魔法使いの試みを、魔法魔術学校の同級生ハリー、ハーマイオニー、ロンが阻止する物語である。よくあるストーリーだが、平凡で非力な主人公は突然、究極の悪との対決を運命づけられる。そこに集った仲間達はなんとも中途半端な存在であるが、周りにいるメンターと危機を乗り越えることで成長していく。

そうした彼らの運命は、第一巻の「賢者の石」で暗示される。三人は勇敢であることをモットーとする学寮グリフィンドールで一緒になるが、ロンは無謀な勇気しか持っておらず、ハーマイオニーはやや智に走りすぎているところがあり、ハリーには野心家すぎるところやルールを無視する傾向が見られる（これらは組分け帽子で暗示される）。第一巻ではともかくも、三人は悪の陰謀を阻止することに成功する。ここで勇気、自己犠牲、チーム、危機を通じての成長という全体のモチーフが提示される。

その後は、タイトルで暗示される主要な成長テーマが各巻で展開される。例えば第三巻「アズカバンの囚人」では、脱走した囚人との対決と見せながら、実は、冤罪がテーマになっており、ストーリー的にも判断の難しさ、時間の取り返しのつかなさがさりげなく示されている。同様に第四巻「炎のゴブレット」では、フェアな競技をモチーフにしているように見せて、偏見と不公平が隠れたメッセージになっている。また、第五巻「不死鳥の騎士団」は組織をテーマにし、実際、ストーリー的にも硬直化した官僚組織である魔法省とハリー達が自分達で作った「ダンブルドア軍団」、そして大人達が作った「不死鳥の騎士団」が対比される。さらに第七巻「死の秘宝」では、人生の究極的な目的をテーマにしていると考えられる。ここでは、『ロード・オブ・ザ・リング』と同じように、自己犠牲をもって任務を果たし（そもそもこのストーリー自体、ハリーの両親の自己犠牲からスタートする）、究極の力を手に入れるもそれを自ら封印する。魔法の世界の学園ものという装いのために、あまり意識されないが、実は、イギリスのパブリックスクールの伝統、ノブレス・オブリージュ（高い身分に伴う義務）の精神を教え込むようなストーリーが組み込まれている。

実際のところ、『ハリー・ポッター』はそれほど明るい物語ではない。重要な登場人物がいろいろ不条理な運命を背負っており、ヴォルデモートとの戦いの中で命を落とすものも少なくない。最終巻の前段である「謎のプリンス」では、今まで善と悪としてとらえてきた構図に揺らぎが生じ、人々がそれぞれの愛憎関係と宿命を受け入れていくという複雑な物語が提示され、子供向けファンタジーとして似つかわしくない。

この背景を理解するにあたって、『ハリー・ポッター』には、様々な「成長」が織り込まれていることを意識する必要がある。『ハリー・ポッター』は一巻で一学年が経過する仕組みになっている。つまり、ハリー達は、第一巻の「賢者の石」では十一歳で一年生だが、第七巻の「死の秘宝」では、七年生で十七歳なのである。この間に主人公達は確実に成長している。やや知識ひけらかし型だったハーマイオニーは、一見無関係な情報を解釈して論理的に洞察する力を発揮し、何度も謎を解決する。ロンは優秀な兄達と比べて冴えなかったが、少しずつ学内そしてチーム、特にハーマイオニーからの評価を上げていく。

もちろん、ハリーも成長していくのであるが、最も成長しているもう一方の重要人物を思い出す必要がある。それは、「読者」である。『ハリー・ポッター』は一九九七年からスタートして十年間かけて、夏期休暇前のタイミングで刊行されている。この間に一番成長していたのは、何を隠そう読者なのである。例えば、日本で言うと小学校四年生である十歳の時に刊行直後の第一巻に出会った読者は、最終巻を読むときには、二十歳、つまり大学二年生になっていることになる。もし、『ハリー・ポッター』が物語の構造としても、テーマとしても子供向けであり続けていたら、十年の間に読者は離れていっただろう。

さらに言えば、もう一人成長した人物がいる。それは、作者であるJ・K・ローリングである。第一巻の「賢者の石」は小さな出版社から初版五百部でスタートした。同書は当時まだ無名の新人ローリングの初作であり、数多くの出版社に断られた末のことである。これが大ヒットし、多くの文学賞を世界中で取るわけだが、巻が進むにつれて、ローリング自身もより高度なテーマ、より複雑なストーリーを紡ぎ出し成長しているように思われる（その結果、プロットは最後まで組みきっており、毎年の刊行を予定していたようだが、後半に入る前に三年間の充電期間と刊行ペースの変更があったのだろう）。

一方、『ハリー・ポッター』はファンタジーもののように見えて実はとても現代的である。時代設定は一九九〇年代ということになっているので、魔法学校にはイギリス人だけではなく、中国人も来ている（しかも、結構重要なキャラクターである）。魔法の内容も、学習方法も、化学実験や植物学の雰囲気を漂わせており、ある種、近代科学の学習の寓意《ぐうい》であることを意識させられる（この点で、魔術を反キリスト教的なものとして批判する運動のターゲットになった『ライラの冒険』とは異なる)。

以上を踏まえると、『ハリー・ポッター』は現代の教養小説に他ならないのだが、そこで想定している完成された人格像とはどういうものだろうか。実は、私はロンが一番の完成型だと思っている。実際、名門の家に生まれながらぱっとしなかったロンが一番成功している。マグル（人間）という魔法界におけるマイノリティながら実力でのし上がったハーマイオニーを妻にし、セレブリティで英雄のハリーはロンの妹と結婚して義弟となっている。さらに、ハリーほど早くは出世していないが、魔法省に勤務しており、公式設定では兄の立ち上げたビジネスに参画して、財産を築くことにも成功したようだ。

実は、ロンこそがすべてを手に入れた、新しい感覚の貴族なのだ。完璧なヒーローではなく、今一つぱっとしないが、勇気を持ち続け、長期的には成功する。親しみやすいキャラクターでいて、実は名門出身である、といったところが、どんな立場にある人からも、共感を得られるキャラクターなのだ。また、イギリスの階級社会の課題を、マイノリティのハーマイオニーとの結婚によって止揚させるという仕掛けにもなっている。

『ハリー・ポッター』は映画やテーマパークのアトラクションにまでなっており、二十一世紀におけるミッキーマウスのような存在になっている。それは、格差、グローバリゼーション、テクノロジーといった現代的な課題とパブリックスクールのノブレス・オブリージュという伝統的価値観がクロスオーバーした二十一世紀の教養小説として、普遍的かつ息の長い物語として愛され続けることの証《あか》しと言えるだろう。

Round 12 Book Guide

中川李枝子作 大村百合子絵
『いやいやえん』

子どもの本研究会編／福音館書店／1962

本文でも取り上げた児童文学の金字塔。取り上げなかった章もなかなか面白い。

難易度A

佐野洋子作・絵
『100万回生きたねこ』

講談社／1977

エゴイズム、愛、死という三題噺なのだが、読む年齢によって受け取り方が変わる。

難易度A

フィリップ・プルマン
『黄金の羅針盤』

大久保寛訳／新潮文庫／上下巻／「ライラの冒険」シリーズ全6巻／2003

ファンタジー世界やSF的な手法を使いつつ、キリスト教世界観を批判。

難易度A

ルース・スタイルス・ガネット作
ルース・クリスマン・ガネット絵
『エルマーのぼうけん』

渡辺茂男訳／子どもの本研究会編／福音館書店／シリーズ全3巻／1963

幼年童話として最も人気のある古典の一つ。小さい頃は皆冒険心を持っている。

難易度A

ジョージ・オーウェル
『動物農場 おとぎばなし』

川端康雄訳／岩波文庫／2009

おとぎばなしを偽装した、ロシア革命を皮肉った小説。馬がブラック企業の社員そのもの。

難易度A

吉野源三郎
『君たちはどう生きるか』

岩波文庫／1982

迫り来る戦争を前にして少年向けに書かれた社会科学的思考の啓蒙書。

難易度A

読書は感想戦――あとがきにかえて

将棋に代表される、ボードゲームの世界には、「感想戦」という言葉がある。戦いが終わった後に、対戦者や観戦者が、この局面ではなぜこの手を打ったのか、こうした方が良かったのではないかなど、反省をすることを指している。試合をすることそのものも学習効果はあるだろうが、試合が終わった後のフィードバックを次の試合に生かすことが腕を上げるには有効だ。逆に、試合をした後のフィードバックを行わずに、ひたすら練習を続けていても、技術は向上せず、同じ所をぐるぐるまわっているだけだったり、悪い癖を固定化する練習を続けて、ますます、下手になっていくということすらあり得る。

「読書は格闘技」だとしたら、「読書は感想戦」という考え方もあるだろう。一冊の本を読み終えた後に、自分なりに読書体験を振り返ってみるという行為である。あるいは、同じ書籍を読んだ人と議論を戦わせたり、他の人に本を紹介して、反応を見てみるのも、「感想戦」たり得る。そもそも、本を読み終えた後、しばらくして、その内容を完全に忘れてしまい、その後の思考や行動の変化が何もなければ、それは、冒険に出て、宝の山に入りながら手を空《むな》しくして帰るに等しい。実のところ、読書を通じて、知識が増えて、それが何らかの判断に役立ち、行動の変化が起きたときに、最も読書の価値が生じたと言えるだろう。その時初めて、読書が「世界という書物を直接読破」する旅の地図となるのだ。

この本を閉じる前に、各章でどんな本を取り上げたか、どんなことを自分が考えたか振り返ってみて欲しい。実のところ、あまり覚えていない人が多いかと思う。もし、一回で内容を覚えて、身につけられる人が多数を占めるのであれば、各種試験の現国の平均正答率や、資料を持ち込めば簡単に解けてしまうタイプの大学の期末試験（私は決してこのタイプの試験はやらないが）の平均正答率は八割近くになってもよさそうなものだが、そんなことはない。何回も読み返したり、メモをとりながら読んだり、あるいは本に直接書き込んで読んだりする人達がいるのは、感想戦をやりやすくする一つの方法だろう。読者もそうした方法を試しても良いかもしれない。

とはいえ、必ずしも読書で得た経験が明日からすぐに役立つ必要はないとも私は考えている。というのも、読書が「世界という書物を直接読破」する旅で、最も役立つ瞬間というのは、何らかの課題にぶつかったときに、「そういえば、大分昔に読んだ本にこんなことが書いてあったな」という、偶然に、一見無関係なことが頭の中で繋がったときだったりするからだ。イノベーションは全く違う分野の知識の有機的な結合によって起きることが、各種の研究からほぼ定説になっている。そういう意味では、切り口を思い出せるようにしておくだけでも、随分違う。実際、本書は同じテーマでかなり切り口の違う本をぶつけることによるイノベーションを試みたつもりだが、今回取り上げた本は、私が過去に読んだ本（実は少なからぬ本は大学生以前に読んだ本だ）を頭の中で思い起こして、書棚（電子化したものや「東京書庫」の倉庫も含め）から召還した本たちである。

さて、ここからは、読者のターンである。自分の気になるテーマで、格闘技をしても良いだろうし、あるいは、本書で扱った、同じ分野の別の本を読んでみたいというニーズもあろう。そこで、目安としていくつか本を選んでみた。ただし、これはいわゆる推薦図書リストではない。内容的に賛成している本とは限らないし、一見して、無関係な本も含まれている。読者諸氏におかれては、好きに取捨選択すると良いだろう。そもそも、現代において、読むべき本のリスト、これを読んでおけば「教養」たり得る、というものを定義するのは難しい。かつては、岩波文庫がそういう機能を持っており、旧制第一高等学校からの教養主義を引き継ぐ一高東大弁論部（私はここのOBである）では、「岩波文庫を読破する勉強会」が実在したが、今はそんなことはしていないだろう。むしろ、教養について考えるのであれば、「自分にとって」読むべき本、読む必要のない本を判断することが「教養」と言えるだろう。

だから、書店へリストの本を探しに行って、結果的に、その書棚の近くにある別の本を買って帰ってきても良いだろう。これができるのが書店のメリットであり、そういう大型書店を持つ都市に住むメリットでもある（私はあるテーマについて調べたいときは、大型書店で列買いをしたりする）。次のステップは、闘うべき本を求めて、武者修行の旅、冒険に出るということになるだろう。そうした旅の中で、あるいは、「世界という書物を直接読破」する旅の中で、私と読者の皆さんが、あるいは読者同士で、「教養小説」のような出会いがあることを楽しみにしている。

良い旅を。

本書は二〇一六年四月、集英社より刊行されました。
初出「小説すばる」
二〇一四年一月号〜二〇一六年二月号
（二〇一五年一〇月号を除く）
ＪＡＳＲＡＣ 出 ２１０２６４８−１０１

集英社文庫　目録（日本文学）

集英社文庫 目録（日本文学）

嶽本野ばら　十四歳の遠距離恋愛
太宰治　人間失格
太宰治　走れメロス
太宰治　斜陽
田崎健太　真説・長州力 1951-2018
田崎健太　真説・佐山サトル タイガーマスクと呼ばれた男
田尻賢誉　木内語録 甲子園三度優勝の極意
多田富雄 柳澤桂子　露の身ながら 往復書簡 いのちへの対話
多田富雄　寡黙なる巨人
多田富雄　春楡の木陰で
多田容子　柳生平定記
多田容子　諸刃の燕
橘玲　不愉快なことには理由がある
橘玲　バカが多いのには理由がある
橘玲　「リベラル」がうさんくさいのには理由がある
橘玲　文庫改訂版 事実VS本能 目を背けたいファクトにも理由がある

田中慎弥　共喰い
田中慎弥　田中慎弥の掌劇場
田中啓文　ハナシがちがう！ 笑酔亭梅寿謎解噺
田中啓文　ハナシにならん！ 笑酔亭梅寿謎解噺2
田中啓文　ハナシがはずむ！ 笑酔亭梅寿謎解噺3
田中啓文　ハナシがうごく！ 笑酔亭梅寿謎解噺4
田中啓文　茶坊主漫遊記
田中啓文　鍋奉行犯科帳
田中啓文　鍋奉行犯科帳 道頓堀の大ダコ
田中啓文　ハナシはつきぬ！ 笑酔亭梅寿謎解噺5
田中啓文　鍋奉行犯科帳 浪花《なにわ》の太公望《たいこうぼう》
田中啓文　鍋奉行犯科帳 京へ上った鍋奉行
田中啓文　鍋奉行犯科帳 お奉行様の土俵入り
田中啓文　鍋奉行犯科帳 お奉行様のフカ退治
田中啓文　鍋奉行犯科帳 猫と忍者と太閤さん
田中啓文　鍋奉行犯科帳 風雲大坂城

田中啓文　浮世奉行と三悪人
田中啓文　俳諧でぼろ儲け 浮世奉行と三悪人
田中啓文　鴻池の猫合わせ 浮世奉行と三悪人
田中啓文　えびかに合戦 浮世奉行と三悪人
田中啓文　ジョン万次郎の失くしもの 浮世奉行と三悪人
田中啓文　大塩平八郎の逆襲 浮世奉行と三悪人
田中啓文　さもしい浪人が行く 元禄八犬伝 一
田中啓文　天下の豪商と天下のワル 元禄八犬伝 二
田中優子　世渡り万《よろず》の智慧袋 江戸のビジネス書が教える仕事の基本
田辺聖子　花衣ぬぐやまつわる…(上)(下)
田辺聖子 工藤直子　古典の森へ 田辺聖子の誘う
田辺聖子　夢渦巻
田辺聖子　鏡をみてはいけません
田辺聖子　楽老抄 ゆめのしずく
田辺聖子　セピア色の映画館
田辺聖子　姥ざかり花の旅笠 小田宅子の「東路日記」

集英社文庫　目録（日本文学）

集英社文庫　目録（日本文学）

集英社文庫

読書《どくしょ》は格闘技《かくとうぎ》

2021年5月25日　第1刷　　定価はカバーに表示してあります。

著　者　瀧本哲史《たきもとてつふみ》

発行者　徳永　真

発行所　株式会社　集英社
東京都千代田区一ツ橋2-5-10　〒101-8050
電話　【編集部】03-3230-6095
【読者係】03-3230-6080
【販売部】03-3230-6393(書店専用)

印　刷　凸版印刷株式会社

製　本　凸版印刷株式会社

フォーマットデザイン　アリヤマデザインストア　　マークデザイン　居山浩二

ISBN978-4-08-744247-2 C0195